Stefano Cieri

Klose dell'altro mondo

Miro, il pescatore di gol

ultra
sport

I edizione: aprile 2013

Ultra è un marchio di Lit Edizioni Srl
Sede operativa: Via Isonzo 34, 00198 Roma
Tel. 06.8412007 – fax 06.85865742

INDICE

Parte quinta
La consacrazione

A Marco e Sabri, i miei tesori

Introduzione

C'è un episodio che a Formello, dove la Lazio si allena tutti i giorni, nessuno ha mai dimenticato e mai dimenticherà. Con protagonista Miro Klose, ovviamente. Di che episodio si tratta? Beh, parlando di un calciatore che ha segnato quasi 300 gol in carriera, che ha realizzato reti in tutti i modi e a tutte le latitudini, e che ha anche vinto parecchi trofei, ti aspetteresti un gol particolarmente bello. Di quelli segnati in acrobazia oppure realizzato dopo aver messo a sedere due o tre avversari. E invece no, niente di tutto questo. L'episodio che a Formello, casa della Lazio, nessuno ha dimenticato e mai dimenticherà è molto più semplice, addirittura banale. Eppure estremamente significativo. Per capire la vera essenza del campione tedesco. E per capire, anche, cosa voglia dire veramente essere un campione.

Eccolo, l'episodio che racconta più di tante parole chi è davvero Miro Klose. È il suo primo anno in Italia, con la Lazio. Ha avuto un lieve infortunio che lo ha costretto a saltare un paio di partite. Sta recuperando, ma non è ancora pronto per tornare in campo. Così, con i compagni di squadra che sono via per affrontare una partita in trasferta, chiede di potersi allenare con i ragazzi della Primavera. Accontentato, ci mancherebbe. Per quei giovani è un onore poter stare al fianco del grande campione. Sarà una giornata da raccontare a parenti e amici, di quelle indimenticabili. E così è, in effetti. Poi finisce l'allenamento e, tra lo stupore generale, Miro si mette a raccogliere i palloni utilizzati nel corso dell'allenamento insieme con quei ragazzini.

Un gesto di umiltà che è un gesto di grandezza. Semplice, normale eppure incredibile nel calcio miliardario degli anni 2000, popolato ormai da uomini che sono più bravi a fare i divi che i giocatori. Miro Klose sembra capitato in questo calcio per sbaglio. O meglio, pare esserci arrivato da un'altra epoca. Mai un atteggiamento sopra le righe, mai un'espressione sguaiata, mai un taglio di capelli stravagante. E solo un paio di tatuaggi, oltretutto ben nascosti: una rosa su un polpaccio e le iniziali dei figli su un polso.

Sembra arrivare da un'altra era calcistica, Miro. Ma solo per gli aspetti esteriori. Perché in campo è un giocatore moderno, anzi modernissimo. Ha una notevole tecnica di base, un senso tattico particolarmente sviluppato, ha ovviamente fiuto del gol, ma è anche altruista, come dimostrano i tanti assist distribuiti in carriera. Vince spesso le partite da solo con le sue realizzazioni, ma non dimentica mai che si gioca per la squadra. Cecchino implacabile grazie alla sua velocità di pensiero e di esecuzione, e allo straordinario stacco aereo. Ma anche regista offensivo, capace di organizzare l'intera manovra d'attacco e favorire con il suo movimento gli inserimenti (e i gol) di chi arriva da dietro: centrocampisti, trequartisti o seconde punte che siano.

Un attaccante completo, insomma. Una punta concreta, essenziale; egoista solo quando serve (ogni attaccante che si rispetti un po' egoista deve esserlo). Per questo i compagni di squadra lo adorano, quelli della Lazio, quelli della Nazionale tedesca e quelli di tutte le altre squadre per le quali ha giocato. E, per lo stesso motivo, tutti i tecnici che hanno avuto la fortuna di allenarlo hanno avuto con lui un grandissimo feeling. E ci sarebbe da meravigliarsi del contrario. Perché Klose è il prototipo del giocatore che ogni allenatore desidera avere: forte e disponibile; geniale e disciplinato; straripante tecnicamente e intelligente tatticamente. Il giocatore ideale, appunto.

Una forza che gli deriva da ottimi fondamentali che ha sempre continuato a curare nel corso della carriera; da un'innata capacità di comprendere e interpretare le varie fasi di gioco; ma, soprattutto, da un carattere di ferro. Sì, la sua grande forza è questa: il carattere. Lo ha sorretto nei momenti di difficoltà, lo ha spinto a credere in se stesso anche quando non era facile farlo. Come a inizio carriera, perché Klose ha dovuto fare molta gavetta, prima di diventare quello che è oggi. È partito dai campi delle categorie inferiori tedesche, ha salito un gradino alla volta per arrivare nel mondo dorato della Bundesliga, il massimo campionato tedesco. Dal quale ha poi spiccato il volo per diventare uno degli attaccanti più forti di tutti i tempi. Della Germania, e non solo.

Un carattere d'acciaio che ha ereditato da una famiglia di sportivi (lo sono stati, a grandi livelli, sia il padre calciatore sia la madre giocatrice di pallamano). Un carattere d'acciaio forgiato, però, anche da una vita che non gli ha regalato niente, che, anzi, gli ha fatto conoscere il suo lato più crudele durante l'adolescenza, proprio in quelli che dovrebbero essere gli anni più spensierati. È in quel periodo, infatti, che insieme alla famiglia si trasferisce dalla natia Polonia in Germania. La sua è la storia di un emigrato, con tutto ciò che di drammatico comporta: abitazioni di fortuna, difficoltà di ambientamento, una lingua e una cultura diverse con cui confrontarsi.

La grandezza del calciatore, che è poi la grandezza dell'uomo, nasce proprio da lì, da quegli anni difficili, per certi versi drammatici, del bambino costretto a lasciare Opole, in Polonia, per trasferirsi a Kusel, in Germania. Una vita in salita, come in salita è stata la sua carriera di calciatore. Partita dai campi della Settima divisione tedesca, sviluppatasi poi velocemente e arrivata nel giro di pochi anni al paradiso dorato della Bundesliga e della Nazionale tedesca. Eh sì, perché Klose, nato polacco, ma tedesco di adozione, non ha avuto alcun dubbio nel momento in cui ha dovuto fare la scelta più delicata della sua carriera. Avrebbe potuto giocare per la Nazionale polacca, che in effetti lo ha corteggiato a lungo, o per quella tedesca. Non per entrambe, ovviamente. E quando si è trovato di fronte al bivio, non ha avuto esitazioni: ha detto sì alla Germania. Perché quel Paese, all'inizio così ostile e così difficile da capire, era diventato il suo Paese, quello che aveva consentito alla sua famiglia di avere una vita più dignitosa e a lui di coronare il suo sogno di bambino: diventare un calciatore professionista.

Della nuova Germania, quella del dopo Muro, multi-etnica e multi-razziale, Miro Klose è diventato un simbolo. Così come è assurto al ruolo di emblema della comunità polacca in Germania. Una comunità numerosissima, che si sente – giustamente e a pieno titolo – parte integrante della grande Nazione tedesca, senza peraltro rinnegare le proprie origini. Un connubio facilitato peraltro dai rapporti sempre più stretti (economici e non solo) tra i due Stati, Germania e Polonia, instaurati a partire dagli anni Novanta.

Nato polacco, cresciuto tedesco, Klose si sente soprattutto un cittadino europeo. Lo ha sempre detto, lo ribadisce a ogni occasione. È figlio di una terra, la Slesia, storicamente contesa da Polonia e Germania. Oggi certi steccati, certe divisioni sembrano concetti superati. E lo sono soprattutto grazie alla capacità di chi nasce in quei posti di guardare al futuro con occhi e con animo nuovi. Klose, come milioni di altre persone, ha saputo farlo. Non ha mai rescisso il cordone ombelicale con la Polonia, ma la Germania è diventata casa sua. Adesso si gode la splendida villa dell'Olgiata, a nord di Roma, che ha scelto come dimora italiana. Ma quando chiuderà con il calcio tornerà a vivere nella villa nei pressi di Monaco di Baviera che ha messo su insieme con la moglie Sylwia.

Già, Sylwia, il suo gol più bello insieme con i loro due tesori: i gemelli Luan e Noah. Sylwia, pure lei tedesca di origine polacca, quasi a voler ribadire anche nella scelta più importante, quella della compagna con cui dividere una vita, le sue duplici radici: tedesche e polacche. I due, Miro e Sylwia, si conoscono a Kaiserslautern, dove Klose gioca a partire dal 1999. Ed è proprio grazie al club della città della Renania-Palatinato che l'attaccante conosce la donna della sua vita. Lavora come commessa nel negozio di prodotti ufficiali del club. Miro, che in quella società ci gioca, non ha bisogno di comprare nulla, eppure comincia a frequentare il negozio con una certa assiduità... Tra i due nasce un amore sincero che li porterà, nel giro di breve tempo, a sposarsi. E, nel 2005, dalla loro unione nasceranno Luan e Noah.

I Klose sono una famiglia molto unita. Ogni scelta, anche quella apparentemente più banale, viene discussa da Miro con Sylwia e viceversa. Tra di loro all'inizio parlavano in polacco, viste le comuni origini, ma da quando ci sono i figli hanno deciso di esprimersi in tedesco. I due piccoli masticano anche il polacco, ovviamente, ma – pensano Miro e Sylwia – è meglio che abbiano una lingua di riferimento. Che non può che essere il tedesco. È così anche a Roma, dove la famiglia si è trasferita nel 2011: Luan e Noah sono stati iscritti al prestigioso Deutsche Institute di via Aurelia Antica. Dalla villa dell'Olgiata, dove vivono, c'è da fare parecchia strada: ogni giorno, in pullmino, fanno la spola. Della capitale italiana conoscono molto. Perché, ogni volta che ne hanno avuto la possibilità, i genitori li hanno portati a spasso a vedere gli inconfondibili monumenti della città eterna.

Miro avrebbe voluto portarli anche all'incontro avuto nella primavera del 2012 a Piazza San Pietro con l'allora Papa Benedetto XVI. Non fu possibile, per questioni organizzative, così Klose andò da solo all'incontro con Papa Ratzinger, tedesco come lui. Un incontro fortemente voluto da Miro, perché la fede cattolica è un altro punto fermo della vita sua e di quella della sua famiglia. Una fede che Miro vive interiormente, senza ostentarla in maniera eccessiva, ma che puoi cogliere comunque al primo impatto, con quella croce al collo che porta quasi sempre. Una fede che, a guardar bene, è un tratto distintivo del suo percorso di vita: nato nella cattolicissima

Polonia, stabilitosi in Baviera, la regione più cattolica dell'altrimenti protestante Germania, e trasferitosi infine a Roma, capitale mondiale del Cattolicesimo.

Pare, anche se lui non lo ha mai confermato, che la scelta di venire alla Lazio, quindi a Roma, fosse stata determinata anche dalla volontà di andare a vivere nella città simbolo stesso del Cattolicesimo. Della capitale italiana, peraltro, Klose ha conosciuto e apprezzato anche gli aspetti più profani. Lui, «carnivoro» convinto, come ogni tedesco che si rispetti, alla lettura di un menù adesso vacilla di fronte alla possibilità di ordinare la pasta. Va pazzo per le linguine allo scoglio, ma apprezza un po' tutto, anche i primi prettamente romani: carbonara e amatriciana. Senza esagerare, ovviamente... Perché Miro è un professionista quasi maniacale, che nella preparazione non lascia nulla al caso. Alimentazione inclusa. Cura moltissimo il suo fisico, che sa gestire come pochi altri campioni al mondo. Gli chiede molto, ma sa esattamente quando giunge il momento di fermarsi. Per prevenire gli infortuni pratica la crioterapia, una tecnica importata dagli sport americani, il football in particolare, che ha conosciuto grazie a Jurgen Klinsmann, suo allenatore prima nella Germania e poi nel Bayern. La crioterapia consiste nell'immergersi in una vasca piena di cubi di ghiaccio dopo un prolungato sforzo fisico. È una pratica ai limiti della tollerabilità umana (e infatti i compagni di squadra della Lazio all'inizio lo guardavano come un marziano), ma consente un recupero più veloce e previene gli infortuni.

Klose non cura in maniera maniacale solo il fisico. Dedica molto tempo anche allo studio del calcio giocato. È raro, rarissimo, che un calciatore lo faccia. È di solito un compito che spetta agli allenatori. Miro non si sostituisce certo a loro, ma – al pari dei tecnici – guarda i dvd degli avversari da affrontare prima delle partite. Lo fa con particolare riferimento ai difensori. Per studiare le loro caratteristiche, capire i loro punti deboli, per poi colpirli. Lo studio si estende poi all'atteggiamento tattico della squadra da affrontare. Per avere un'idea – prima di scendere in campo – di come mettere in difficoltà gli avversari. È un aspetto, quest'ultimo, che fa di Klose il cosiddetto «allenatore in campo», l'uomo capace di mettere in pratica il «verbo» del tecnico.

Soprattutto nella parte matura della sua carriera, Klose è sempre più diventato una sorta di *playmaker* del reparto avanzato. Un regista offensivo che, oltre a segnare, organizza di fatto la manovra d'attacco. Per questo, nonostante non sia più giovanissimo, gli allenatori continuano a puntare forte su di lui. A cominciare dal ct della Nazionale tedesca, Joachim Löw, che intende portarlo anche ai Mondiali che si giocheranno in Brasile nel 2014.

Ha scelto la Lazio come trampolino di lancio ideale per tagliare l'ultimo traguardo di prestigio della sua carriera. Una decisione che, nella sua Germania, all'inizio non hanno capito, ma che adesso ha messo tutti d'accordo. Perché con la maglia della Lazio Miro è tornato a giocare e a segnare come a inizio carriera, quando sbucava, imprendibile, sorprendeva i difensori e segnava gol belli e pesanti.

«Sì, quella di venire alla Lazio è stata la scelta migliore che potessi fare. E ogni giorno che passa me ne convinco sempre di più» ha avuto modo di dire in varie interviste. A Roma ha trovato l'habitat ideale. Dentro e fuori il campo. In campo, gioca in una squadra che gli consente di lottare per obiettivi ambiziosi sia nel campionato italiano sia nelle coppe europee. E che, particolare fondamentale, gli garantisce il posto da titolare. Di più. Gli affida il ruolo di leader incontrastato. Fuori dal campo, non potrebbe essere altrimenti, visto che vive in una specie di reggia, in uno dei posti più esclusivi d'Italia. Una villa con campi da tennis, dove può dilettarsi in uno dei suoi tre grandi hobby. C'è chi giura che, anche con la racchetta in mano, se la cava più che discretamente. Un altro hobby è quello delle macchine sportive: non è un fanatico come il suo ex compagno Cissé, ma le adora. A Monaco di Baviera ha una Ferrari personalizzata, a Roma invece si «accontenta» di girare con una Porsche Cayenne.

Ma il suo grande hobby è un altro, la pesca. L'ha scoperta in giovane età, se n'è innamorato perdutamente. Per Miro è qualcosa di più di un hobby, è una specie di *modus vivendi*. Una pratica che si addice alla perfezione al suo carattere. Perché richiede pazienza, sacrificio, dedizione, forza fisica e mentale. Negli ultimi anni in Germania l'aveva un po' trascurata, da quando è arrivato in Italia ha ripreso a coltivarla in maniera assidua. Si alza all'alba per andare a Fiumicino, sul litorale romano, insieme con qualche amico fidato. Oppure al lago di Bracciano. All'inizio, in pochi erano a conoscenza di questo hobby. Poi la notizia si è diffusa. E da quel momento per tutti è diventato Miro, il pescatore di gol.

Parte prima
Le origini

Tutto comincia a Opole

Opole, Bassa Slesia, Polonia. Oggi è una cittadina di oltre 100 mila abitanti, conosciuta per la sua Università, le iniziative culturali tra cui spicca il Festival nazionale della canzone, una sorta di Sanremo polacco. Pur non conosciutissima, è comunque diventata meta turistica per il suo bel centro storico, in cui spicca un Castello secondo per bellezza solo a quello di Cracovia. A pochi chilometri dai confini con Germania e Repubblica Ceca, gode anche di una posizione che la rende molto meno isolata di altre località polacche.

Non era esattamente la stessa cosa negli anni Settanta. La cortina di ferro divideva in due blocchi l'Europa e per chi viveva a Est non era facile avere contatti con altra gente, con altri Paesi. La Polonia non faceva eccezione. Il vento di rinnovamento liberato da Solidarność sarebbe arrivato solo nel 1980 e in ogni caso solo dopo la caduta del Muro di Berlino, nel 1989, certi steccati sarebbero stati davvero abbattuti.

È in questo contesto ancora così complesso che, nel 1978, a Opole nasce Miroslaw Marian Kloze. No, quella zeta non è un refuso. Il cognome dell'attaccante della Lazio infatti all'inizio è proprio Kloze, diventerà Klose solo quando la sua famiglia sarà naturalizzata tedesca e potrà quindi conferire al proprio cognome l'idioma germanico. Che è poi quello originario, visto che gli ascendenti dei Kloze sono di etnia tedesca, un legame che poi consentirà loro di acquisire la cittadinanza della Germania una volta stabilitisi sul suolo teutonico. Ma questo accadrà solo alcuni anni più tardi. E nessuno a casa Kloze può neppure lontanamente immaginarlo quel 9 giugno del 1978, quando viene alla luce Miroslaw.
È il secondogenito dei coniugi Jozef Kloze e Barbara Jez. Due anni prima, nel 1976, era nata Marzena, la sorella maggiore di Miro. I genitori sono due sportivi autentici. Professionisti, anzi no. Perché all'epoca nei Paesi dell'Est gli atleti erano considerati tutti dilettanti. Ma i coniugi Kloze lo erano comunque ad alti livelli. Jozef era un calciatore della Prima divisione, giocava nella squadra locale, l'Odra Opole, che all'epoca militava appunto nella Serie A polacca. Barbara giocava invece a pallamano, come portiere. E nel suo ruolo era la migliore di tutta la Polonia, tanto da essere titolare fissa della Nazionale, con cui giocò più di ottanta partite.
Quando Miro nasce la signora Barbara ha già in pratica chiuso la sua carriera, però. Dall'attività agonistica l'hanno ovviamente allontanata le due gravidanze, prima, e il dover accudire due bambini piccoli, poi. Un «lavoro» molto più impegnativo, ma anche molto più gratificante, quello di portiere di pallamano. Così, alle coppe e ai trofei vinti in tanti anni nelle palestre e nei palazzetti di mezza

Polonia, sostituisce due «trofei» di cui andare ancora più fiera: Marzena e Miroslaw, appunto, i suoi due cuccioli. Papà Jozef, invece, è nel pieno della sua attività di calciatore, anche se è sulla soglia dei trent'anni, età che all'epoca era un cancello superato il quale si cominciava a vedere da vicino il momento dell'addio ai campi di calcio. Oggi le carriere durano anche fino a 40 anni, grazie a sistemi di allenamento più sofisticati ed in generale a un'«usura» del calciatore più equilibrata. All'epoca invece si smetteva di solito attorno ai 34-35 anni.
A giugno del 1978, quando nasce Miro, Jozef Klose ha 31 anni. È dunque tempo di bilanci per lui, una situazione che di lì a pochi mesi lo porterà a prendere una decisione clamorosa, che segnerà non tanto il finale della sua carriera calcistica quanto il destino della sua famiglia. Ma questo lo stesso Jozef non può saperlo in quell'estate del 1978 quando Miro emette i primi vagiti a Opole. Dall'altra parte del mondo, in Argentina, si stanno giocando i campionati mondiali che vedranno la squadra di casa vincere la sua prima Coppa del mondo tra le polemiche. C'è anche la Polonia. Che dopo il brillante terzo posto ottenuto ai Mondiali di quattro anni prima in Germania Ovest e prima di un altro terzo posto, quello colto nel 1982 al Mondiale spagnolo, vive un Mondiale da semi-protagonista. Bene nella prima fase, in cui si piazza al primo posto del proprio girone, male nella seconda fase, in cui viene schiacciata dalla presenza nel suo raggruppamento di Argentina e Brasile che poi arriveranno prima e terzo. Papà Klose, invece di attaccarsi al televisore come tanti suoi connazionali, in quell'estate del 1978 si dedica interamente ai suoi due gioielli: Marzena e il nuovo arrivato Miroslaw. Forse è proprio il pensiero di regalare loro un

futuro migliore che lo spinge a prendere la decisione più importante della sua vita: andare a giocare nell'Ovest. Si trasferirà all'Auxerre, in Francia, dove già c'è un giocatore polacco, il portiere Marian Szeja, che consiglia al dirigente Bernard Blaut l'acquisto di Klose.

È una scelta di vita, innanzitutto, un modo per conoscere un altro mondo, fare nuove esperienze. E guadagnare anche qualche soldo in più. Il tutto grazie al «privilegio» che all'epoca la Federcalcio polacca concedeva ai propri giocatori una volta compiuti i 30 anni: quello appunto di poter andare a giocare all'estero. Ma quella di Jozef Klose è anche una scelta prettamente calcistica. È il desiderio, una volta raggiunta la piena maturità, di misurarsi con un calcio diverso da quello polacco.

La sua carriera inizia nel paese in cui è nato, a Slawecice, qualche centinaio di chilometri più a nord rispetto a Opole. Attaccante il suo ruolo, un marchio di famiglia, quindi. Anche se, rispetto a Miro, Jozef è meno goleador e più rifinitore. Un 9 e 1/2, insomma, metà punta metà trequartista. Dallo Slawecice, Jozef passa subito a una squadra un po' più grande, il Kedzierzyn Koźle. Ma il trasferimento più importante è quello successivo, all'Odra Opole. A sceglierlo è il tecnico dell'Odra, Tadzeus Forys, che insieme con il suo vice Jas Sliwak lo osserva attentamente, incuriosito dal suo debutto in Prima divisione a soli 16 anni. Forys non ci pensa su due volte e lo porta con sé all'Odra. Da quel momento sarà il suo pigmalione. Gli affibbierà anche il soprannome che Jozef si porterà dietro per tutta la vita calcistica: Dzoju.

È il 1967. A soli 20 anni papà Klose abbandona genitori e amici per trasferirsi a Opole. Debutta immediatamente con la prima squadra e segna subito un gol nel 4-1 con cui l'Odra supera l'Olsztyn. Seguiranno tante battaglie e tante altre vittorie, tutte vissute in prima linea dal padre di Miro. Che dell'Opole diventa subito una bandiera. Nel 1977-78, l'ultima stagione polacca di Klose, l'Opole partecipa alla Coppa Uefa. Per la cittadina della Bassa Slesia la sola presenza in una competizione europea è già un clamoroso successo, all'epoca erano davvero pochi i club che riuscivano a guadagnarsi il diritto a partecipare a una competizione europea. La corsa Uefa dell'Odra si ferma subito, al primo turno, davanti al Magdeburgo, squadra dell'allora Germania Est che negli anni Settanta era una grande del calcio continentale, tanto che nel 1974 vinse addirittura una Coppa delle Coppe (nella finale di Rotterdam contro il Milan). Ma l'Odra vende cara la pelle. Nella gara di andata, a Opole, finisce 2-1 per i tedeschi. La qualificazione sembra compromessa e invece, nella gara di ritorno in Germania, l'Odra passa in vantaggio grazie a un gol di Jozef Klose, che viene però vanificato nel finale dal pareggio del Magdeburgo. L'Odra esce quindi dalla Coppa Uefa a testa alta, grazie anche alle prodezze del suo giocatore più rappresentativo. Klose, appunto. Il papà di Miro è pronto ormai per il grande salto, quello che lo porterà a varcare i confini polacchi e continuare la sua carriera oltrecortina. Una decisione che segnerà soprattutto la vita dei suoi due figli. Quella di Miro, in particolare. Che lascerà la natia Opole a soli quattro mesi per trasferirsi in Francia. Ecco perché, pur avendo sangue e radici polacche, l'attuale attaccante della Lazio farà, nel corso della sua vita, scelte che lo porteranno altrove. Miro in Polonia ci è nato, ma non ci ha mai vissuto. Ha vissuto i primissimi anni in Francia, quindi si è trasferito in Germania e lì si è formato come uomo e come calciatore.

Si va in Francia, con mamma e papà

Ottobre 1978. È un momento storico per la Polonia, una di quelle date che cambieranno per sempre il corso degli eventi del Paese e del mondo intero. A Roma viene nominato Papa un giovane cardinale polacco, Karol Wojtyla. Da quel momento niente più sarà come prima. Per la Polonia, per l'Europa ancora divisa in blocchi, per tutto il pianeta. Ma l'ottobre del 1978 è un momento storico, un passaggio decisivo anche per una piccola famiglia polacca. È in quel mese, infatti, che Jozef Klose decide di accettare la proposta arrivatagli da un club francese, l'Auxerre: andrà a giocare e vivere in Francia. Un trasferimento che è molto più di un cambio di squadra. È una vera e propria rivoluzione di vita, per lui, per sua moglie, per i suoi due figli, la primogenita Marzena, che ha appena 2 anni e il piccolo Miroslaw, che ha solo quattro mesi.
Un cambiamento radicale per la famiglia Klose. In un colpo solo i due coniugi e i loro piccoli salutano Opole, la loro cittadina, lasciano la Polonia, il loro Paese, e abbandonano l'Est per andare a vivere nell'Ovest. Un passaggio

che per milioni di polacchi era un autentico miraggio, un sogno irrealizzabile. E per loro è invece un'opportunità da cogliere al volo.

A consentire al papà di Miro di compiere il grande salto è un connazionale che lo conosce bene: Marian Szeja. Già da qualche anno è il portiere dell'Auxerre. All'epoca, siamo negli anni Settanta, i portieri polacchi godevano di grande stima un po' in tutta Europa. Merito di quell'autentico fuoriclasse del ruolo che era Jan Tomaszewski, il mitico portiere della Polonia arrivata terza al Mondiale del '74. Szeja non aveva certo la stessa classe, ma era comunque un affidabile interprete del ruolo. Ed era anche un affidabile «consulente societario» in materia di talenti del suo Paese. Così, una volta appreso che il suo club stava cercando un attaccante per centrare l'obiettivo di tornare in Prima divisione, non esitò un attimo a suggerire il nome di quel Klose che da anni stava facendo le fortune dell'Odra Opole.

Jozef Klose arriva ad Auxerre il 12 ottobre del 1978, quattro giorni prima dell'elezione a Papa, qualche centinaio di chilometri più a sud, a Roma, del suo connazionale Karol Wojtyla. Quasi un segno del destino per una famiglia, quella dei Klose, profondamente cattolica. Il tesseramento per l'Auxerre è una corsa contro il tempo, va perfezionato entro 24 ore, altrimenti c'è il rischio che salti tutto. Ma è una corsa contro il tempo che va a buon fine. Il 13 ottobre, infatti, Klose diventa a tutti gli effetti un calciatore dell'Auxerre.

Il club transalpino ha progetti ambiziosi. Vuole tornare nella serie A francese dalla quale manca da un po' di tempo. Per riuscire nell'intento compra una serie di giocatori che affida alle cure del tecnico Guy Roux. Ci vorranno ancora un paio d'anni prima che il sogno si realizzi. L'Auxerre viene infatti promosso in Prima divisione al termine della stagione 1979-80, la seconda con Klose in squadra. Nella prima, l'anno precedente, l'Auxerre sfiora tuttavia un'impresa ancora più grande. Arriva fino alla finale della Coppa di Francia, in cui affronta la più titolata compagine del Nantes. L'Auxerre riesce a resistere fino al 90', poi cede di schianto durante i tempi supplementari e alla fine il Nantes trionfa col punteggio di 4-1. Ma per l'Auxerre è comunque una piccola grande impresa, resa possibile grazie anche ai gol e alle ottime prestazioni di Jozef Klose, che in breve tempo diventa pure uno degli idoli dei tifosi. E Miro, cosa fa nel frattempo? Ha solo pochi mesi di vita, non può ancora capire e apprezzare le gesta del padre. Con cui però trascorre parecchio tempo nella casa alla periferia di Auxerre, che i Klose hanno avuto dal club transalpino. C'è ovviamente anche mamma Barbara e la sorellina Marzena. Il nucleo familiare di origine polacca fa una vita piuttosto appartata ad Auxerre. C'è il problema della lingua che ostacola una piena integrazione, ma c'è ancor di più il progetto dei coniugi Klose, a consigliare un atteggiamento del genere: Jozef e Barbara sono sicuri che, una volta terminati i tre anni di durata del contratto firmato da Klose con l'Auxerre, torneranno tutti in Polonia, a Opole. Anche perché, pur volendo, restare nell'Ovest sarebbe comunque molto complicato, se non impossibile. Ecco perché dei tre anni trascorsi ad Auxerre, dal 1978 al 1981, nessuno ricorda nulla nella cittadina francese. Ed ecco perché il Klose di oggi preferisce, una volta finiti gli allenamenti, starsene a casa con la moglie Sylvia e i figli Noah e Luan. Era esattamente ciò che faceva il padre Jozef con lui e con la sorella Marzena. Ad Auxerre, quando

loro erano ancora piccolissimi, ma anche nelle successive esperienze, quando cominciavano a essere più grandi.
Vita ritirata, dunque, per Jozef Klose ad Auxerre. Ma pure luci della ribalta quando scende in campo, anche se in uno stadio, l'Abbe-Deschamps, che non è certo un tempio del pallone, e in un periodo in cui in Francia il calcio è ancora poco frequentato dalle grandi masse che continuano a preferire il rugby. Il «calcio champagne» della generazione Platini è ancora in embrione e solo negli anni successivi produrrà quell'autentica rivoluzione cultural-sportiva che riempirà gli stadi di calcio di tutta la Francia, rendendola, sotto questo punto di vista, più simile a Italia e Spagna, Germania e Gran Bretagna.
Ad Auxerre, tuttavia, l'entusiasmo non manca. Anche perché, dopo la promozione in Prima divisione, ottenuta al termine della stagione 1979-80, anche in quella successiva la squadra di casa continua a comportarsi bene, pur dovendosi confrontare con le grandi del campionato transalpino. Compreso quel Saint-Etienne in cui gioca un giovanissimo Michel Platini. I due – Klose e Platini – s'incrociano pure in una partita. Accade il 26 agosto 1980, allo stadio di Auxerre. Finisce male per la squadra di casa che perde 2-0, e uno dei due gol lo segna proprio Platini. Dall'altra parte, Klose resta invece a secco e sarà pure sostituito a dieci minuti dalla fine. È la parte iniziale della sua ultima stagione con l'Auxerre, stagione che, col passare dei mesi, diventerà sempre meno esaltante. L'allenatore Guy Roux (che diventerà poi una specie di monumento locale, restando sulla panchina per oltre venti anni) non lo vede più di buon occhio. E lo emargina progressivamente dalla rosa dei titolari. Una scelta normale, visto che Klose si avvicina ormai alla soglia dei 34 anni.

A fine campionato, l'Auxerre gli comunica che non intende rinnovare il contratto, cosa che peraltro Jozef neppure si aspetta. «Con Barbara avevamo già deciso di tornare in Polonia, anche perché Marzena (che nel frattempo ha quasi 6 anni) doveva cominciare le scuole», racconterà Jozef. E invece, quando le valigie sono già quasi pronte, ecco che arriva la chiamata che allontana di nuovo i Klose dal loro Paese d'origine. Arriva da Chalon sur Saône, piccola città (meno di cinquantamila anime) della Borgogna, nella Francia centro-orientale. La squadra locale, lo Chalon, milita in quarta divisione, la nostra serie D, e, anche se rappresenta una piccola comunità, vorrebbe ambire a qualcosa di più dignitoso. La società cerca quindi qualche calciatore di esperienza da affiancare ai giovani del locale vivaio. Qualcuno suggerisce il nome di Jozef Klose, quell'attaccante polacco dell'Auxerre, non più giovanissimo ma comunque ancora affidabile.
La relativa proposta gli viene presentata solo qualche giorno prima del viaggio di ritorno in Polonia. È una decisione non facile da prendere. Da una parte, c'è il desiderio di tornare a casa, di riprendere le abitudini interrotte tre anni prima per vivere un'avventura diversa, di vita e di lavoro. Sull'altro piatto della bilancia, però, c'è la possibilità di poter continuare a svolgere una professione in qualche modo remunerativa, che possa garantire una vita dignitosa a sé e ai suoi cari.
Klose ci pensa un po' su, si consulta con la moglie Barbara e alla fine, d'accordo con lei, decide di dire sì. Continuerà a giocare per altri tre anni, anche se ciò significherà rinviare quel ritorno in Polonia che loro, i coniugi Klose, avevano già pianificato. Per Marzena e per Miro cambia poco. Anzi nulla. Sono piccoli, il loro mondo comincia

e finisce dentro quelle mura domestiche, un mondo che papà Jozef e mamma Barbara riempiono con le loro attenzioni e le loro cure.
A Chalon, la vita dei Klose è ancora più riservata di quanto non fosse ad Auxerre. È un comune piccolo che non offre troppe possibilità, ma garantisce comunque una vita tranquilla. E tranquilla, in Quarta divisione, è anche la vita calcistica di Jozef Klose. Quel che ci vuole per uno come lui, che, raggiunti ormai i 34 anni, non può più fornire le stesse prestazioni di qualche anno prima. Fa da chioccia ai più giovani, ma gioca e segna, soprattutto nel corso della sua prima stagione, quando lo Chalon riesce finalmente a centrare la promozione in Terza divisione. Seguiranno altre due annate nel corso delle quali Klose sarà sempre meno presente in campo, ma avrà un ruolo sempre più importante all'interno del gruppo, come guida illuminata per i compagni di squadra con minore esperienza. Nell'ultima stagione, annata 1983-84, le sue presenze in campo diventano rare, mentre si fanno più frequenti i viaggi in Polonia. La famiglia Klose si accinge così a fare ritorno a casa, una volta per tutte. Stavolta non ci saranno altre proposte che spingeranno Jozef a restare in Francia. E così sarà. I Klose lasceranno la Francia, ma il loro futuro non sarà in Polonia.

Ovest

Il ritorno a Opole della famiglia Klose avviene nel 1984. Nelle intenzioni dei coniugi Jozef e Barbara dovrebbe essere l'inizio di una seconda vita polacca, anzi il naturale prosieguo di quella precedente, dopo la parentesi di quasi sei anni trascorsa in Francia. Ma non è mai facile ricominciare certe storie dopo averle interrotte. Per i coniugi Klose s'innesca qualcosa di simile a quella che i brasiliani chiamano *saudade*, una nostalgia per la propria terra ma al contrario. Non per il loro Paese, dove sono tornati, ma per il tipo di vita tenuta in Francia, nell'Ovest. E, ancor di più, per le migliori possibilità economiche che, in quel periodo storico, l'Ovest offre rispetto all'Est. All'epoca, in Polonia sono in tanti a pensarlo, ma per chi – come i Klose – ha potuto toccare con mano le due diverse realtà, diventa una specie di chiodo fisso.
Per il papà di Miro, poi, è anche una fase di passaggio delicatissima, quella che attraversano tutti i calciatori nel momento in cui decidono di appendere le scarpe al chiodo. Jozef ha appena compiuto 37 anni e, dopo i tre

anni trascorsi con lo Chalon tra Quarta e Terza divisione francese, decide che è giunta l'ora di dire basta. Di chiudere una carriera che gli ha regalato tante soddisfazioni, facendolo diventare famoso (ricco no, non erano ancora i tempi) e consentendogli di accumulare tante esperienze che alla maggior parte dei suoi connazionali erano negate. Come viaggiare, incontrare gente di altri Paesi e misurarsi con altre culture.
Un privilegio che, tuttavia, ora che si tratta di tornare a fare una vita normale, provoca una sorta di effetto boomerang sulla coscienza e sulla vita di Jozef. A Opole ci sono tutti i suoi affetti: parenti, amici, i vecchi compagni dell'Odra. Ma le prospettive di vita sono decisamente limitate. Il lavoro scarseggia, le possibilità di regalare un futuro decoroso ai suoi bambini, Marzena e Miroslaw, certamente poche.
Il periodo di riflessione, oggi diremmo di *stand-by*, dura poco più di un anno. Nel corso del quale Jozef e Barbara provano a reinventarsi una vita in Polonia, mentre i piccoli Marzena e Miro, ormai cresciuti, cominciano ad andare a scuola. I due bimbi sono felici e spensierati, come tutti i loro coetanei. I genitori un po' meno. Preoccupati sì dal futuro, ma pure angosciati da un presente che ha poco da offrire.
È in questo contesto che nella testa di Jozef si insinua un tarlo, anzi un'idea, una possibilità che nel giro di qualche mese diventerà un'opportunità da cogliere al volo. Siamo a metà degli anni Ottanta: la cortina di ferro è sempre lì a separare in due blocchi l'Europa. Ma i passaggi da Est a Ovest, un tempo quasi impossibili, cominciano a farsi un po' meno impossibili. Di lì a poco, nel 1989, sarebbe venuto giù il Muro di Berlino e come un effetto domi-

no sarebbero poi cadute, nel giro di pochi mesi, tutte le barriere che per quarant'anni hanno spaccato in due l'Europa.
Ma le avvisaglie cominciano già qualche anno prima con una serie di permessi che, a Est, vengono concessi ad alcune categorie di cittadini. In quel momento sembrano solo delle eccezioni, il tempo ci farà capire che si tratta dell'inizio di un inevitabile processo che non può essere arrestato e che, nel giro di pochi anni, porterà alla fine di un'epoca di assurde divisioni. Tra le novità che anticipano questa rivoluzione, la più importante la introduce la Repubblica federale tedesca, la Germania Ovest, che negli anni Ottanta emana una legge che riconosce la possibilità di concedere la cittadinanza tedesca a chi, pur vivendo in altri Paesi, sia di lingua e origini germaniche. Questi «tedeschi» che vivono fuori dalla Germania sono alcune centinaia di migliaia, dislocati tra Polonia, Unione Sovietica e Cecoslovacchia. Piccole minoranze rispetto ai milioni di tedeschi che vivevano in quelle terre prima della seconda guerra mondiale. Poi, dopo il 1945, più o meno volontariamente, la stragrande maggioranza sono rientrati nei confini tedeschi, anche e soprattutto per evitare quella scia di vendette e rappresaglie che si sarebbero inevitabilmente scatenate dopo gli orrori e i lutti provocati dai Nazisti durante la guerra. Accadde, insomma, ciò che, con numeri leggermente inferiori, successe pure per gli italiani che vivevano in Istria, costretti per la stragrande maggioranza a riparare in Italia dopo il 1945, quando quelle terre finirono sotto la bandiera della Jugoslavia.
La Slesia, la regione in cui i Klose vivevano e dove Miro è nato, storicamente tedesca, dopo la guerra passò alla Polonia, che a sua volta fu costretta a cedere all'Unione

Sovietica una parte consistente dei suoi territori orientali. I polacchi che vivevano in quelle terre cedute all'Urss riparano quasi tutti proprio in Slesia. Di tedeschi ne rimasero pochi, ma ne rimasero. Tra questi, i Klose, il cui legame con la lingua e la cultura tedesca, sebbene un po' annacquato nel corso delle generazioni, persisteva. E consentiva a Jozef di poter beneficiare della legge di cui sopra. Di diventare, cioè, cittadino tedesco. Con tutta la famiglia: la moglie Barbara, nelle cui vene scorreva invece sangue interamente polacco, e i piccoli Marzena e Miro. All'improvviso, insomma, per i Klose si riaprono le porte dell'Ovest. E non per una parentesi di vita (per quanto significativa e lunga), come quella di qualche anno prima in Francia. Ma per sempre. La cittadinanza tedesca avrebbe infatti consentito ai Klose di trasferirsi in Germania non con un permesso temporaneo, ma con tutti i diritti del caso. Compreso quello di rientrare in Polonia ogni qual volta l'avessero voluto. Non una fuga a Ovest, ma un regolarissimo trasferimento.
Una prospettiva decisamente allettante per la famiglia Klose. Un nuovo privilegio da cogliere al volo. Dovuto stavolta non allo status di calciatore di papà Klose, ma alle sue origini familiari. Un privilegio, sì, ma anche una decisione difficile da prendere. Un salto nel buio. Jozef, a differenza di quando era andato in Francia, non sa cosa andrà a fare in Germania, conosce poco la lingua, rischia di mettere a repentaglio la tranquillità familiare. Con due figli piccoli di nuovo sradicati dalla realtà in cui sono nati, per andare a vivere in un posto che non conoscono e dove non hanno alcuna garanzia di poter fare una vita migliore. Jozef ci pensa su attentamente, come fece prima di accettare il trasferimento ad Auxerre e come fece di nuovo

prima di andare a Chalon sur Saône. Ci pensa su e ne parla con Barbara. I pro e i contro si equivalgono, ma alla fine a pesare di più, a far pendere l'ago della bilancia da una parte piuttosto che dall'altra è la considerazione che certi treni passano una sola volta nella vita. I bimbi sono ancora piccoli, la possibilità di costruire un futuro altrove è ancora intatta. Potrebbe non essere così qualche anno dopo. Così Jozef e Barbara decidono di cogliere quell'opportunità. Diventeranno cittadini tedeschi, torneranno a Ovest, andranno a vivere in Germania. Con la Polonia sempre nel cuore, perché le origini non si cancellano. Ma con la fondata speranza di avere un avvenire migliore, pur sapendo che gli inizi della nuova vita non saranno facili. Le cose andranno esattamente così. Con gli anni tutti i sacrifici saranno ampiamente ripagati. Ma quanto saranno duri, durissimi quei sacrifici da affrontare nei primi tempi in Germania.

Kusel, un posto nel mondo

Il primo contatto con quello che per loro sarà il «nuovo mondo», i Klose ce l'hanno con una grigia e triste caserma, presso il valico di frontiera denominato Friedman. È da qui, da questa sorta di dogana per uomini, posta al confine orientale della Germania Ovest, che devono passare coloro che intendono avvalersi di quella legge che può riconoscere loro la cittadinanza tedesca. È un passaggio tristissimo, ma inevitabile. È il filtro necessario per verificare, controllare, capire chi ha diritto all'asilo e chi no. Chi di quella legge può avvalersi, in quanto discendente da avi di etnia tedesca e chi no. I Klose trascorreranno qualche settimana a Friedman, un periodo tutto sommato breve, ma che nessuno di loro scorderà mai. Soprattutto Miro, che, sempre molto schivo a parlare delle proprie vicende personali, avrà poi modo di ricordare in alcune interviste come «nessuno deve mai dimenticare le proprie origini, anche quelle più difficili».

Già. I Klose all'inizio della loro storia tedesca sono a tutti gli effetti dei profughi. Certo, nessuno li etichetta con quella parola così sgradevole, e nessuno li tratta come tali. Ma la realtà è quella. Lo è in quelle prime settimane trascorse nel punto di raccolta di Friedman, dove venivano convogliati tutti i cittadini di etnia tedesca provenienti da Polonia, Unione Sovietica, Cecoslovacchia, Romania e Ungheria. Ma la loro sarà una realtà da profughi anche nei mesi successivi, quando Jozef e Barbara e i loro piccoli Marzena e Miro si stabiliranno a Kusel, in Renania-Palatinato, regione sud-occidentale dell'allora Germania Ovest. La Renania-Palatinato vive in quel momento, siamo a metà anni Ottanta, un periodo di forte espansione economica, che la sta portando in breve tempo a raggiungere i livelli dei Länder più sviluppati. Un boom economico che ha bisogno di manodopera per essere alimentato e ulteriormente sviluppato. Così, le autorità federali tedesche favoriscono la collocazione proprio in questa regione delle migliaia di «nuovi tedeschi» che arrivano dai Paesi dell'Est.

Tra loro, ci sono anche i Klose. Vanno a vivere a Kusel, una delle città più piccole dell'intero Land, poco meno di cinquemila abitanti, non troppo distante però dal capoluogo Magonza. L'ambientamento non è facile, come sempre accade quando si ha a che fare con piccole città. Gli stranieri riescono a inserirsi più facilmente e più velocemente nelle grandi città, da sempre abituate a confrontarsi e misurasi con una realtà in continuo divenire. In un piccolo centro tutto è più complicato. E lo è ancor di più in quel periodo a Kusel, come in tante altre città della Renania-Palatinato, perché l'arrivo di migliaia di nuovi cittadini provenienti da mondi così diversi avviene in maniera improvvisa e rapida. E finisce inevitabilmente con lo sconvolgere abitudini radicatesi nel corso di decenni.

Seguiranno anni, per la Renania-Palatinato, per la Germania intera e per tutta l'Europa, in cui queste prime migrazioni sembreranno poca cosa rispetto a quanto accadrà dopo. Ma in quell'epoca, la percezione delle cose non è diversa. E nella tranquilla Renania-Palatinato si vivono anche momenti di forte tensione, sconosciuti fino a quell'epoca.
I Klose, però, non si fanno condizionare dalla problematica situazione ambientale. Certo, all'inizio la vita è molto dura. La famiglia di origine polacca deve adattarsi a vivere in un'abitazione di fortuna, c'è una lingua nuova da imparare, ci sono nuove abitudini con cui familiarizzare. Tutta una vita da reimpostare. Ma, ancora una volta, è il calcio a rendere le cose più semplici e a facilitare l'ambientamento dei Klose. Papà Jozef è ormai vicino alla soglia dei 40 anni, ma ha un passato importante come calciatore di un certo livello. Particolare che non sfugge ai dirigenti della locale squadra di Kusel, che milita nei campionati dilettantistici. Lo avvicinano e gli chiedono se gli va di dar loro una mano.
Jozef accetta volentieri. Perché il calcio è stato da sempre la sua vita e perché si diverte ancora parecchio a tirare calci a un pallone. Ma accetta soprattutto perché capisce che quello può essere lo strumento migliore per un'integrazione rapida, per sé e per la famiglia. Nel frattempo, trova anche lavoro, quello, in Germania, di certo non mancava, in quel periodo. Viene assunto presso una nota azienda informatica giapponese che ha una sede proprio a Kusel.
Per i primi tempi, il papà di Miro fa entrambe le cose. Di giorno lavora in azienda, la sera si allena con il Kusel. Ma, in questo modo, tempo per la famiglia gliene resta

davvero poco. Anche l'impiego rischia di essere penalizzato, perché si lavora a turni e l'orario non è sempre lo stesso. Così Jozef, seppur a malincuore, decide di dire basta con il calcio. Stavolta in maniera definitiva. Pensa, in quel momento, che quel pallone che aveva attraversato tutta la sua vita, condizionando le scelte più importanti e provocandone altre, uscirà definitivamente di scena. Non può sapere, in quel frangente, che il pallone uscirà dalla porta per fare rientro dalla finestra solo qualche anno più tardi. E in maniera ancora più fragorosa. Grazie a quel bimbetto di nome Miro, che peraltro già comincia a prendere confidenza con quello strumento, il pallone appunto, tanto caro al padre.

Non sono anni facili, peraltro, per il futuro attaccante della Nazionale tedesca. Eh sì, perché quel Paese di cui da lì a pochi anni sarebbe diventato il re calcistico, all'inizio è freddo e incomprensibile per lui. In Polonia aveva appena finito quella che da noi sarebbe la terza elementare. A Kusel dovrebbe quindi frequentare la quarta, ma lo costringono a tornare indietro di due anni. Non ha problemi di apprendimento o lacune scolastiche, Miro. Semplicemente, fa una fatica tremenda a imparare il tedesco. E così, tanto lui quanto i genitori, accettano di buon grado il declassamento: a volte è meglio fare un passo indietro per poi farne tanti altri in avanti, piuttosto che restare fermi nella stessa posizione, senza progredire.

I primi tempi in Germania, però, non sono duri solo per i problemi scolastici. Anzi, quelli passeranno in fretta, perché Miro è un ragazzino intelligente e disciplinato. E con l'applicazione riuscirà a colmare le lacune linguistiche molto velocemente. No, gli inizi in Germania sono duri perché a 7-8 anni non è facile passare senza traumi da una

realtà a un'altra completamente diversa. A Opole, Miro e la sorella Marzena si sentivano protetti da una comunità che parlava la loro stessa lingua e che non esitava un attimo a venire in loro soccorso, ogni volta che ce n'era bisogno. A Kusel, non è così. Non era così neppure in Francia, ma lì Miro e Marzena erano più piccoli e avevano meno esigenze.
A proposito della Francia. Kusel, Renania-Palatinato, si trova nei pressi del confine della Germania Ovest con la Francia. Chalon sur Saône, ultima dimora francese dei Klose, è in Borgogna, parte orientale della Francia. Le due città, Kusel e Chalon, anche se separate da un confine, non sono poi così distanti: appena 400 chilometri. Un altro segno del destino, un'altra sottile, quasi invisibile linea che collega eventi tra loro apparentemente lontani, che sono invece tappe di un cammino tortuoso ma vincente. Come le difficoltà vissute da Miro nei suoi primi anni tedeschi. Che, col senno di poi, sono solo la necessaria anticamera di un futuro radioso ed entusiasmante.

Parte seconda
La formazione

La scalata

È dura la vita per un ragazzino che, a soli otto anni, è costretto già per la seconda volta a cambiare tutto, radicalmente: Paese, lingua, cultura, abitudini, amici, scuola. Sì, proprio tutto. Per sua fortuna il piccolo Miro ha una famiglia che non gli fa mai mancare calore e sostegno. Lo protegge senza viziarlo, lo incoraggia nei momenti difficili, gli consente di crescere un po' alla volta, in quella realtà così diversa da quella in cui era nato e in cui pensava di restare per sempre.

A scuola Miro fa fatica a integrarsi. Appena arrivato a Kusel è costretto a tornare indietro di due classi, visto che il tedesco non lo parla. Ma anche in seguito, negli anni successivi, l'impatto con la nuova lingua sarà sempre problematico. È in questo contesto che si forma il carattere di Miro: schivo, introverso, di poche parole. Forse, sarebbe stato così anche se fosse rimasto in Polonia, perché certe caratteristiche ce l'hai innate. Ma, certo, i fattori ambientali incidono parecchio sulla natura dell'essere umano, specie quando è ancora in tenera età. Per Miro, gli anni

della formazione caratteriale sono appunto i primi vissuti a Kusel. Anni in cui comunicare con i coetanei, esprimersi nelle grandi e piccole situazioni che la vita quotidiana propone è un problema grande così.
C'è tuttavia qualcosa che viene in soccorso di Miro. Che lo aiuta a uscire da quella campana di vetro dentro la quale suo malgrado è finito. C'è qualcosa che gli consente di ambientarsi anche in una realtà così profondamente diversa da quella che si era immaginato. Questo qualcosa è ovviamente il calcio, anche se – almeno inizialmente – sarebbe più corretto dire lo sport. Già, perché, a quell'età, il futuro principe degli attaccanti tedeschi è ancora indeciso su quale strada sportiva seguire. Il pallone è la sua grande passione, ce l'ha nel dna, gliel'ha trasmessa il padre, anch'egli calciatore. Ma l'adolescente Miro è anche molto bravo nella ginnastica, che pratica a scuola. Anche qui è una questione ereditaria. Perché oltre al padre calciatore ha anche una madre sportiva: come già detto, la signora Barbara è stata un'importante giocatrice di pallamano, indossando per decine di volte la maglia della Nazionale polacca.
Con simili genitori è inevitabile che Miro abbia un'innata attitudine verso qualsiasi pratica sportiva: la ginnastica è una di quelle discipline che le compendia un po' tutte ed è quindi l'ideale per un ragazzo come lui. C'è solo un problema: che alle lezioni di ginnastica, in cui pure se la cava discretamente, lui preferisce il pallone. Appena ne vede uno scatta in lui (come in quasi tutti i suoi coetanei, peraltro) qualcosa di irrazionale. Una sorta di attrazione cui è impossibile resistere. A scuola, per strada, ma anche dentro casa: ogni occasione è buona per tirare calci a un pallone.

«Giocava sempre, tutti i giorni, dove c'era un pallone c'era lui», racconterà anni dopo papà Jozef. Che ovviamente non fa nulla per ostacolarlo. Anzi, lo sprona a inseguire quella passione, come lui stesso aveva fatto molti anni prima. «Gli dicevo: se questo è il tuo sogno devi insistere, non mollare, combattere fino alla fine». Miro lo prende alla lettera. Abbandona, o meglio, relega in seconda fascia la ginnastica, e si dedica anima e corpo al calcio.
Da quello praticato nel cortile della scuola o per strada (all'epoca si poteva ancora, oggi purtroppo non più), passa a un calcio che è sempre divertimento, ma comincia anche a essere qualcosa di più organizzato, di più serio. Entra a far parte del settore giovanile del Blaubach Diedelkopf, quando non ha ancora compiuto dieci anni. A indirizzarlo lì è il custode della scuola che Miro frequenta, il signor Eric Berndt. Che di giorno appunto lavora nella scuola di Kusel frequentata dal piccolo Klose e di pomeriggio dà una mano, come talent scout ma pure come aiuto-allenatore, in questo piccolo club dal nome interminabile. Il Blaubach Diedelkopf è in realtà una delle migliaia di piccole società tedesche che a livello di prima squadra è praticamente inesistente, ma che ha un settore giovanile all'avanguardia. È il club di un piccolo sobborgo alle porte di Kusel, Bluabach appunto. Una comunità di meno di 500 anime che amministrativamente fa parte del Comune di Kusel (in Italia la chiameremmo una frazione). Ancora oggi, a distanza di 25 anni, questo piccolo club continua a dedicare alla crescita di giovani calciatori la massima attenzione. Il vivaio è il suo fiore all'occhiello e la sua ragion d'essere. Oggi, la prima squadra milita nella Verbandsliga del Sud-ovest: la Settima divisione tedesca. È così anche sul finire degli anni Ottanta, quando il

giovane Miro indossa per la prima volta la maglia bianco-giallo-nera del club. Non quella della prima squadra, ovviamente, visto che ha solo 10 anni, ma quella delle formazioni giovanili. Le attraversa tutte, Klose, dal 1987 fino al 1998. Per tutti, all'epoca, è semplicemente Mirek, il ragazzo arrivato dalla Polonia. Grande passione, grande dedizione ma resa in campo non sempre all'altezza della situazione: così lo giudicano gli allenatori che lo seguono nella trafila delle varie formazioni giovanili. A conferma del fatto che non sempre i tecnici vedono giusto.
Meno male che a vederci bene, a capire le sue potenzialità enormi è proprio Miro. Che non si arrende neppure quando in realtà lo scartano. Succede a un provino per il passaggio da una categoria all'altra. Il ragazzo, seppur dotato tecnicamente, viene ritenuto troppo gracilino. Miro, però, non si dà per vinto e continua la sua scalata all'interno del settore giovanile.
Una prima svolta avviene nella penultima annata che vive con il Blaubach. È la stagione 1996-97, Miro ha ormai compiuto 18 anni e quel fisico ritenuto troppo esile adesso si è formato e gli consente di esprimersi in campo con maggiore padronanza dei propri mezzi. Comunque, vive ancora di alti e bassi, almeno così lo ricorda il suo allenatore dell'epoca, Dieter Schmolke: «C'erano giorni in cui, scherzando, gli dicevo di non fare la doccia, perché non ne aveva bisogno, avendo sudato davvero poco. Ma in altre situazioni vinceva le partite da solo».
La discontinuità nel rendimento deriva soprattutto dal fatto che – raggiunta ormai l'età della maturità – Klose non sa ancora se il calcio possa essere la sua principale attività o se invece sia solo un importantissimo hobby. A dire il vero, il timore che sia solo la seconda cosa comincia

a farsi incubo ricorrente per Miro. E pure freno alla sua piena affermazione come calciatore.
In questo periodo, il futuro re dei bomber tedeschi studia e gioca. Sì, va ancora a scuola, anche se in realtà si tratta di un istituto professionale, uno di quelli in cui più che passare ore sui libri si impara un mestiere. Il diciottenne Klose è un aspirante carpentiere. Lavoro duro e delicato che tuttavia Miro dimostra di poter fare bene. Anche perché nell'istituto professionale che frequenta c'è sì la teoria, ma c'è soprattutto la pratica, in cui Miro se la cava più che discretamente.
Klose il carpentiere lo fa per davvero. E di lì a poco lo avrebbe fatto come attività esclusiva, come lavoro vero e proprio se – a «salvarlo» – non fosse intervenuto proprio lui, il pallone, che di lì a poco si sarebbe trasformato da hobby in professione. Dopo i progressi compiuti nella stagione 1996-97, l'ascesa del giovane Miro continua nell'annata successiva, quella del debutto in prima squadra. Il Blaubach Diedelkopf milita nella Settima divisione tedesca, un campionato dilettantistico in cui è difficile scorgere i valori tecnici. La componente amatoriale si mescola a un agonismo sano, ma a volte rude ed eccessivo. Per Klose rappresenta tuttavia una palestra fondamentale. Perché è in questo contesto che capisce l'importanza che, accanto alla tecnica e alla tattica, questi fattori hanno nel calcio.
Il ragazzo bravo ma leggerino, e a volte un po' svagato, diventa così un calciatore vero, capace di calarsi senza remore fisiche e mentali nelle battaglie in cui spesso si trasformano le partite di calcio. Il tutto avviene senza che Klose smarrisca le qualità che già si intravedevano: buona tecnica di base, innato senso tattico, grande velocità e

un impressionante stacco aereo. Klose si alterna ancora tra centrocampo e attacco, un po' come faceva il padre. La trasformazione in attaccante d'area avverrà più tardi, quando finalmente sbarcherà nel calcio professionistico. Una ipotesi che, alla soglia dei 20 anni, tanti quanti ne ha il Klose dell'ultima stagione con il Blaubach, sembra decisamente remota, quasi irrealistica, per non dire impossibile. Ma Klose è pronto a stupire tutti.

Homburg, ecco il primo mattone

L'anno della svolta, per Miro, è il 1998. È vero che, per tutti, la sua carriera di calciatore con la C maiuscola inizia l'anno dopo, quando approda al Kaiserslautern, da dove comincerà la rapida ascesa che, nel giro di pochi mesi, lo porterà prima al debutto in Bundesliga, quindi all'esordio nella Nazionale tedesca. Ma il vero momento di passaggio, la cesura tra il calcio percepito come passatempo e quello vissuto come attività principale si verifica un anno prima. Nel 1998, appunto, quando Klose, ormai ventenne, lascia il Blaubach Diedelkopf per approdare nel club semi-professionistico dell'Homburg.
È il primo salto in avanti nella carriera di Miro, trascorsa fin lì nella tranquilla bambagia di Blaubach. Nella piccola società di stanza alle porte di Kusel, Klose aveva trascorso più di dieci anni. C'era entrato ragazzino, aveva attraversato tutto il settore giovanile tra alti e bassi, tra momenti in cui si pensava potesse diventare un grande calciatore e altri in cui i tecnici lo consideravano uno dei tanti. Lui stesso, probabilmente, contribuiva a rendere

così controversa la sua valutazione: fino a quando il calcio era a pochi metri da casa, non poteva che finire per essere un hobby, per quanto serissimo, da inserire tra la scuola professionale, la famiglia e i tipici divertimenti dei teenagers (anche se va detto che Klose, sin da giovane, è sempre stato molto poco avvezzo a fare vita mondana). Per uscire dal guscio, per mettersi alla prova e capire davvero se poter fare il calciatore, era quindi necessario mettersi alla prova da qualche altra parte. Già, ma dove? Il Blaubach, che all'epoca giocava addirittura in Settima divisione, non è che fosse la vetrina ideale per mettersi in mostra. Anzi, era decisamente il posto peggiore da cui poter spiccare il volo. A volte, però, le grandi occasioni della vita nascono quando e dove meno te lo aspetti. Basta saperle scorgere e poi coglierle al volo.
È quanto accade a Klose nell'estate del 1998. Vent'anni prima, Miro era venuto al mondo a Opole. Era l'estate del 1978, si stavano giocando i Mondiali di calcio in Argentina. Esattamente due decenni dopo, per Klose è come una nuova nascita, quella da calciatore. Anche in questo caso si stanno svolgendo dei Mondiali di calcio, quelli francesi. Un chiaro segno del destino. Klose, come milioni di persone in tutto il mondo, quei Mondiali li sta seguendo alla tv. La Francia, che li ospita, è vicinissima e lontanissima al tempo stesso. Vicinissima perché Kusel è a un centinaio di chilometri dal confine franco-tedesco. E la Renania-Palatinato, la regione di cui fa parte Kusel, confina appunto con la regione francese dell'Alsazia. Ma la Francia è calcisticamente lontanissima per Klose. Perché lui, raggiunti ormai i vent'anni, che per un calciatore è considerata già un'età matura, gioca nella Settima

divisione tedesca e l'idea di poter un giorno giocare un Mondiale è pura follia.

Quattro anni dopo, al Mondiale di Giappone e Corea, Klose sarà invece uno dei grandi protagonisti, con un duplice incredibile secondo posto, quello della Germania dietro il Brasile e quello suo personale nella classifica cannonieri, dietro Ronaldo. Ma quattro anni prima, in quella calda e assolata estate del 1998, per Klose è un miraggio il semplice fatto di poter arrivare un giorno a giocare in un campionato professionistico tedesco.

Pensieri che lo rattristano, ma non si arrende, forte di un carattere duro e sereno, forgiato da esperienze di vita ben più difficili delle delusioni di una carriera da calciatore che non va come vorrebbe. E poi, se le cose dovessero continuare ad andare male col calcio, c'è sempre un lavoro da carpentiere che lo aspetta. Ma, in quell'estate del 1998, qualcosa di nuovo accade finalmente per Miro. L'occasione da prendere al volo si materializza attraverso una chiamata che arriva a casa Klose, a Kusel, dalla vicina Homburg.

La locale squadra di calcio, che milita in Quarta divisione, è in crisi finanziaria e alle soglie del fallimento. È stata costretta a cedere gran parte dei suoi giocatori al club del Saarbrucken per fare cassa. C'è da ricreare quasi dal nulla un gruppo con cui affrontare sia il campionato della prima squadra sia quello della formazione riserve. I dirigenti decidono così di setacciare tutte le società minori delle zone limitrofe, per reperire calciatori utili alla causa. Fanno un salto pure a Kusel per osservare i calciatori del Blaubach Diedelkopf. Klose attira subito la loro attenzione. Non è proprio un colpo di fulmine, di quelli che si vedono nei film. È piuttosto la decisione estremamente pragmatica che un gruppo di dirigenti deve compiere in poco tempo. Vedono Klose, si convincono che – quanto meno per la squadra riserve – sia un giocatore più che affidabile e lo avvicinano. «Non sarà un fenomeno – pensano – ma uno così ci può sicuramente servire».

Miro non aspetta altro. Per lui arriva finalmente la possibilità di mettersi in gioco in un altro contesto, in una nuova realtà. E dimostrare di che pasta è fatto. Un passaggio epocale, anche se graduale; il che non dispiace al giovane Miro. Homburg dista infatti solo una cinquantina di chilometri da Kusel. Il futuro centravanti della Nazionale tedesca potrà continuare a vivere in quella che per lui e la sua famiglia è ormai la sua città, Kusel appunto. Senza dover lasciare genitori, amici e abitudini radicate, come invece fece il padre quando, non ancora maggiorenne, si trasferì a Opole da Slawecice. Un bel vantaggio per Miro, perché se la chance Homburg fosse andata male, non sarebbe poi stato un problema tornare indietro e seguire il progetto di vita alternativo che stava curando.

Solo una cinquantina di chilometri da casa (quarantacinque, per la precisione), ma un mondo comunque diverso. Perché Homburg fa parte di un'altra regione (un altro Land, per dirla alla tedesca) rispetto a Kusel. La città dove vivono i Klose è nella Renania-Palatinato, Homburg è invece nel Saarland, regione più piccola e dalla storia recente piuttosto contrastata. Il Saarland, infatti, come le vicine Alsazia e Lorena, è una di quelle Terre che si sono per secoli contese Francia e Germania e che hanno dato origine a più di una guerra. Nel 1945, alla fine dell'ultimo conflitto, la collocazione del Saarland rimase in sospeso. Un po' come avvenne in Italia per la zona di Trieste. Per dieci anni, fino al 1956, fu di fatto indipendente, anche

se culturalmente ed etnicamente legata alla Germania. In quel periodo, ebbe anche una sua Nazionale di calcio, che partecipò alle qualificazioni dei Mondiali del 1954, la cui fase finale si svolse in Svizzera. Poi, dopo il 1956, il Saarland entrò a tutti gli effetti a far parte della Germania Ovest e poi, a partire dal 1990, della nuova Germania riunificata.
Regione di confine, dunque. Con uno spiccato senso identitario che si riflette pure nel calcio. Anzi, soprattutto nel calcio. Proprio da questo impasto etnico-sportivo è nato, nella seconda metà degli anni Ottanta, il miracolo calcistico dell'Homburg: un club di una città di appena cinquantamila abitanti, capace di arrivare fino alla Bundesliga, il massimo campionato tedesco, e restarci per tre anni. I primi due consecutivi, dal 1986 al 1988. Il terzo (e ultimo) nella stagione 1989-90. Periodo d'oro per questa piccola società, che si nutre anche di una trionfale partecipazione a un'edizione della Coppa di Germania, nella quale si ferma soltanto in semifinale, davanti al grande Bayern Monaco. In questi anni, peraltro, l'Homburg fa parlare di sé anche per una vicenda particolarmente curiosa la cui eco valica velocemente i confini nazionali. Accade all'inizio della stagione 1988-89, quella che avrebbe segnato l'immediato ritorno in Prima divisione dopo la retrocessione dell'annata precedente. L'Homburg sceglie come sponsor una ditta di preservativi. La cosa fa ovviamente scalpore e spinge la Federcalcio tedesca a impedire alla squadra, per motivi etici, di esibire sulle sue maglie la scritta di uno sponsor così particolare.
Quando, una decina di anni dopo, Miro Klose indossa per la prima volta la maglia bianco-verde dell'Homburg, si è quasi del tutto spenta l'eco di questi fatti che l'ave-

vano resa una simpatica protagonista del calcio tedesco ai massimi livelli. La società della città del Saarland è tornata alla sua dimensione normale, che è stata quasi sempre quella della Regionalliga. È così pure all'inizio della stagione 1998-99. La squadra è iscritta al campionato di Regionalliga Sud-Sudovest. I fasti del recente passato sono ormai dimenticati, l'obiettivo è quello di salvarsi, anche perché il gruppo che aveva affrontato la stagione precedente è stato quasi per intero smantellato per fronteggiare la crisi economica che attanaglia il club e che lo porterà, nel giro di dodici mesi, a un semi-fallimento con tanto di retrocessione decretata a tavolino nella serie inferiore, la Oberliga.

Le prime partite, il primo gol

Passato glorioso, dunque, ma presente molto difficile. Ma a Miro Klose va benissimo così. Per un giovane sconosciuto come lui, meglio arrivare in una realtà in cui non ci sono grandi attese piuttosto che in una dove c'è la pressione di ottenere subito grandi risultati. Lui, peraltro, è stato scelto per la squadra riserve con l'eventualità – se ce ne fosse il bisogno – di essere utilizzato anche per la prima squadra. Un basso profilo che a Klose non dispiace. È convinto, Miro, di potersi giocare le sue carte con calma, di scalare un gradino alla volta e far vedere, con la maglia dell'Homburg, il suo reale valore.

Comincia piano, Miro, ma arriverà lontano. Molto lontano. All'inizio, lo spediscono nella squadra riserve. È per quella che è stato preso, anche se gli è stato fatto capire che le porte della prima squadra sono aperte e che, se dimostrerà di esserne degno, ne farà parte. Quella di avere due squadra è una peculiarità di molti club tedeschi. Una prima squadra che gioca in un campionato importante e una riserve iscritta in qualche torneo minore. Di solito,

le due formazioni vivono su piani paralleli, ben distinti. Ma l'Homburg edizione 1998-99 è un'eccezione sotto questo punto di vista. Le due squadre si allenano quasi sempre insieme, in un gruppo unico. Le enormi difficoltà economiche in cui versa il club costringono infatti i dirigenti ad arrangiarsi in qualche modo. I travasi tra prima e seconda squadra sono continui e molto più frequenti di quanto avviene dalle altre parti.
Per Miro tutto questo rappresenta un'occasione importante. In cuor suo è convinto di poter presto convincere tutti che lui è degno della prima squadra. È il suo obiettivo, anche perché un conto è giocare in Regionalliga, che all'epoca è la Terza divisione tedesca, un altro restare nei campionati dilettantistici, nella Quinta divisione in cui gioca la formazione. Se i suoi limiti devono essere quelli, tanto valeva restare a Kusel con il Blaubach. Fino alla sosta natalizia, Klose gioca quasi esclusivamente con la formazione riserve, con cui però si mette in grande luce. È sempre tra i migliori in campo, segna con puntualità sconcertante. Sorprende pure i dirigenti che lo avevano scelto. Pensavano fosse un giocatore buono per fare numero, per rendere più pingue un organico svuotato dalle tante cessioni che erano stati costretti a fare, e invece si rendono conto di avere a che fare con un giocatore che può trasformarsi in una risorsa importante.
Lo capisce pure il tecnico della prima squadra, Werner Kartz. Lo segue attentamente quando gioca la formazione riserve, lo tiene d'occhio e gli fa capire che presto lo utilizzerà per la prima squadra. Deve procedere con i piedi di piombo, Kartz, non tanto perché abbia dei dubbi sulle potenzialità di Miro, quanto perché ci sono delle gerarchie da rispettare all'interno dello spogliatoio. L'Homburg è

una specie di multinazionale con giocatori provenienti da Paesi diversi. Tutti molto esperti e non facili da gestire. La fortuna di Klose è che in rosa, nel reparto avanzato, ci sono anche due polacchi: Tomasz Jaworek e Grzegorz Pawluszek. Con loro stabilisce, ovviamente, un ottimo rapporto. Parlano la stessa lingua, si capiscono a occhi chiusi. I due gli fanno da fratelli maggiori, anche per affinità di ruolo, loro che sono attaccanti come lui, e ne facilitano l'inserimento in prima squadra. Che avviene in ottobre, cioè solo un paio di mesi dopo l'inizio della stagione.

Klose si allena sempre più spesso con i titolari e comincia a collezionare qualche panchina con la prima squadra. Il debutto in Regionalliga avviene il 21 novembre. È la tredicesima giornata di campionato e a Homburg si gioca la partita tra la squadra di casa e il Bayer Leverkusen II (la squadra riserve del Bayer). Piove e fa freddo, a Homburg, ma sugli spalti ci sono comunque 300 coraggiosi spettatori. Non sanno, in quel momento, che assisteranno all'esordio in un campionato professionistico di un giocatore che caratterizzerà il decennio a seguire del calcio tedesco. È l'11' del secondo tempo quando Klose entra in campo per la sua prima «vera» partita di calcio. Sostituisce l'attaccante camerunense Mouyeme quando la partita è già compromessa: Il Bayer sta vincendo per 1-0. Il tecnico Kartz gioca la carta Klose nella speranza di riagguantare la partita, ma l'Homburg si sbilancia troppo e finisce male: il Bayer Leverkusen fa altri due gol e vince per 3-0.

Klose ci resta male, avrebbe preferito debuttare con un altro punteggio. Ma la giornata è comunque una di quelle da ricordare. Il sogno di diventare un calciatore professionistico si è finalmente avverato. Da lì alla sosta natalizia

farà altre panchine e giocherà un altro spezzone di gara (i venti minuti finali) nel match che l'Homburg gioca con l'Eintracht Trier il 18 dicembre.
A Natale la Regionalliga si ferma e, come tutti i campionati calcistici tedeschi, va in naftalina per un paio di mesi. La ripresa è fissata per il 21 febbraio. Sarà un'altra giornata importantissima per Klose, perché farà registrare l'esordio da titolare nell'Homburg. E coincide con una vittoria bella e insperata per l'Homburg: 1-0 sul campo del Borussia Dortmund II (la squadra riserve del Dortmund). Klose gioca in coppia col polacco Jaworek e resta in campo fino a tre minuti dal termine, quando lascia il posto all'altro polacco Pawluszek. Un altro segno del destino, questo incrocio tra attaccanti polacchi in terra di Germania.
Nel frattempo, l'Homburg ha cambiato allenatore. I risultati negativi ottenuti nella prima parte della stagione hanno portato all'esonero di Kartz e alla chiamata, al suo posto, di Peter Rubeck. Il nuovo tecnico stravede per Klose, lo promuove titolare alla prima partita e lì lo lascia fino alla fine della stagione. Klose giocherà altre 15 partite, quasi tutte da titolare, realizzando anche un gol. È il 1° aprile del 1999, il minuto è il 27', la partita Homburg-Wuppertaler. Miro realizza l'1-0 e viene letteralmente sommerso dall'abbraccio dei compagni. Finirà 2-1 in favore della sua squadra È una data storica non solo per Klose, ma per tutto il calcio tedesco, perché segna l'inizio della storia di goleador di uno degli attaccanti più prolifici che la Germania abbia mai espresso.
In quella stagione Klose segna poco (una sola rete, appunto), ma contribuisce in maniera fattiva alla rimonta dell'Homburg nella seconda parte del campionato. La squadra bianco-verde chiuderà il campionato al tredice-

simo posto con 36 punti in 32 partite. Numeri grazie ai quali conquisterà una salvezza cancellata poi nelle settimane successive da una retrocessione a tavolino per inadempienze finanziarie del club. Klose, però, sarà promosso. La sua ottima stagione non passa inosservata. La Regionaliga, all'epoca Terza divisione tedesca (oggi è la Quarta perché il format dei campionati è stato nel frattempo cambiato) è una vetrina per l'intero movimento. Anche perché vi giocano le formazioni riserve di molti club importanti della Bundesliga. Tra questi c'è anche un certo Kaiserlautern II...

Parte terza

Il volo

A Kaiserslautern, ora si fa sul serio

Quell'estate del 1999 non comincia granché bene per Miro. La gioia per aver finalmente giocato in un campionato professionistico, la Regionalliga Sud-Sudovest è all'improvviso offuscata dalla prospettiva di un futuro che si è fatto d'un tratto cupo. L'Homburg, il club che ha consentito a Klose di mettere piede su un palcoscenico importante, e che gli ha permesso di iniziare a fare il calciatore sul serio, rischia infatti di sparire.
Quegli stessi problemi economici che, un anno prima, hanno concesso a Klose l'opportunità di fare il grande salto dall'anonimato del Blaubach alla più degna ribalta di Homburg, gli si ritorcono ora contro. E rischiano di tarpargli le ali. Già, perché la crisi finanziaria della società del Saarland si è nel frattempo acuita invece che risolta. E, poco dopo la fine del campionato, costringe la Federcalcio tedesca a prendere un provvedimento duro ma inevitabile in base ai regolamenti: la retrocessione della società nella categoria inferiore, la Oberliga.

Una mazzata tremenda per tutto l'ambiente, ma in particolare per quei giocatori – come Klose – che, dopo essere arrivati a calcare i campi della Regionalliga, non se la sentono di ripartire dalla Oberliga. Tra i due campionati c'è una sola categoria di differenza, ma il divario è in realtà più profondo. Da una parte, c'è un calcio semi-professionistico, quindi vero, quello della Regionalliga, trampolino di lancio ideale per le giovani promesse verso la Bundesliga I e II (le prime due divisioni tedesche). Dall'altro, c'è invece l'Oberliga, un campionato dilettantistico, poco affascinante e poco seguito.
Klose vorrebbe restare a giocare in Regionalliga. Dopo aver fatto tanta gavetta, dopo aver giocato partite su partite in campi improbabili e contro squadre di scarso prestigio, non ritiene giusto tornare indietro e ricominciare daccapo. Ha appena compiuto 21 anni, non è più un ragazzino, ed è fermamente convinto che o conserva la categoria oppure, se deve ripartire da zero, col calcio ha chiuso. Non ci sarebbe più tempo per tentare una seconda volta quella scalata che all'Homburg era appena iniziata.
I pensieri lo assalgono in quelle settimane di giugno in cui i campionati si fermano e i calciatori sono in vacanza. Valuta anche l'ipotesi di ricominciare a giocare con il Blaubach, a Kusel. Per tornare a vivere il calcio come hobby e magari trovarsi un altro lavoro. In fondo, un mestiere, quello di carpentiere, lo aveva imparato. Tutto estremamente logico, ma tutto tremendamente duro da accettare, se hai una maledetta passione che si chiama calcio.
E tutto tremendamente sbagliato, poi, se hai le qualità per fare il calciatore. A pensarlo, per fortuna di Klose, non è solo lui, ma anche i dirigenti di uno dei club più

importanti del calcio tedesco. Già, perché in quell'estate del 1999, mentre Miro a Kusel si interroga sul suo futuro di uomo e di atleta – facendosi anche sfiorare dall'idea di mollare –, a pochi chilometri di distanza si sta pianificando un'operazione che cambierà una volta per tutte la sua vita e la sua carriera.

Il Kaiserslautern, uno dei club più importanti e più conosciuti dell'intera Germania, ha infatti messo gli occhi su di lui. A seguirlo e volerlo è in realtà il Kaiserslautern II, la formazione riserve della squadra che, appena un anno prima, ha vinto la Bundesliga e si è laureata campione di Germania per la quarta volta nella sua storia. Anche se «nominato» per la seconda squadra, per Klose è comunque l'occasione della vita. Innanzitutto perché gli consente di restare a giocare in Regionalliga, dove milita il Kaiserslautern II, e poi, ancor di più, perché entra a far parte della società calcistica più importante di tutta la Renania-Palatinato e una delle più prestigiose a livello nazionale.

Miro non sta nella pelle: potrà allenarsi al fianco di grandi campioni, sarà seguito da tecnici di primo livello, giocherà nel mitico Fritz Walter Stadion, lo stesso della prima squadra, perché anche la formazione riserve utilizza l'impianto principale. E sa che, se le cose dovessero andare in un certo modo, per lui potrebbero aprirsi addirittura le porte della prima squadra, la possibilità di giocare in Bundesliga, il massimo campionato tedesco. Al momento è solo un sogno, anche perché – a differenza della piccola realtà di Homburg – in un grande club come il Kaiserslautern i passaggi da seconda a prima squadra sono rarissimi. Le due formazioni fanno vita separata, anche se si allenano nello stesso centro sportivo e hanno gli stessi dirigenti.

Gli allenatori, però, sono diversi. Quello della prima squadra è un vero e proprio santone della categoria: Otto Rehhagel. Ha appena compiuto un miracolo: l'anno prima dell'arrivo di Klose, nel '98, ha condotto il Kaiserslautern alla conquista dello scudetto (anzi, il piatto d'argento, perché in Germania si chiama così il trofeo riservato a chi vince il massimo campionato). Impresa incredibile, perché il K'lautern lo vince da squadra neopromossa (l'anno prima era in seconda divisione): mai nessuno nel calcio tedesco era stato capace di laurearsi campione arrivando direttamente dalla seconda divisione. Rehhagel, che già negli anni Ottanta aveva colto straordinari risultati da allenatore del Werder Brema (per due volte campione di Germania) raggiungerà poi altri successi clamorosi, uno in particolare: la vittoria del campionato Europeo alla guida della piccola Grecia nel 2004.
È un allenatore con la «A» maiuscola, insomma, e dall'alto della sua esperienza guarda pochissimo, anzi per niente, la squadra riserve. A lui, giustamente, interessa solo la prima squadra. La seconda, per la quale Klose viene tesserato, è invece allenata da Michael Dusek. Che accoglie a braccia aperte il futuro attaccante della Nazionale tedesca. Di Klose, Dusek conosceva tutto prima che arrivasse: la sua grande forza fisica, il suo altruismo, il suo spiccato senso tattico. Conosceva tutto, Dusek, grazie alle dettagliate relazioni sul conto di Miro lasciate dal suo predecessore, Stefan Majewski. Polacco, con un discreto passato da calciatore, Majewski si era incuriosito a quel suo giovane connazionale che giocava nell'Homburg dopo averlo incrociato in campionato. Aveva avuto modo di conoscerlo, di visionarlo anche in allenamento vista la relativa vicinanza geografica tra Kaiserslautern e Homburg: si

era convinto che sarebbe potuto diventare un gran giocatore, in grado di calcare campi ben più importanti di quelli della Regionalliga. Per questo ne aveva caldeggiato l'acquisto da parte dei dirigenti del Kaiserslautern per la stagione successiva.
Majewski, però, a fine anno lascia Kaiserslautern e la Germania per far ritorno nella sua Polonia: per lui c'è la panchina dell'Amica Wronki. A guidare il Kaiserlautern II arriva così Dusek, che recepisce in toto le indicazioni del suo predecessore, anche per ciò che riguarda i nuovi arrivi. Un bel vantaggio, per Klose, che arriva in una nuova squadra sapendo di poter contare sulla stima incondizionata del nuovo tecnico. Un vantaggio che si traduce in un utilizzo pressoché sistematico del giocatore in campionato. Pur essendo un nuovo acquisto, pur necessitando dunque del consueto periodo di ambientamento che si concede agli ultimi arrivati, Klose diventa immediatamente titolare del Kaiserslautern II. Sin dalla prima giornata del campionato di Regionalliga Sud-Sudovest 1999-2000.
Il debutto con la prestigiosa maglia biancorossa del K'lautern (i colori sono ovviamente gli stessi della prima squadra) avviene il 31 luglio del 1999. Al Fritz Walter Stadion si gioca Kaiserslautern II-Elvsberg, valida per il primo turno del campionato. È una bella giornata, sugli spalti ci sono circa 700 spettatori, che in futuro potranno raccontare di aver visto l'esordio col K'lautern di Miro Klose. Il futuro re del gol della Nazionale tedesca, però, quel giorno resta a secco. Ma, nonostante la comprensibile emozione per il debutto, fornisce un'ottima prestazione, fondamentale ai fini della vittoria per 2-0 della sua squadra.

Sulle gradinate, a seguire la prima di Miro in biancorosso, ci sono anche parenti e amici accorsi dalla vicina Kusel. Festeggiano Miro, sono tutti felicissimi per quella pagina importante, probabilmente decisiva, della sua carriera di calciatore. Ma il più contento di tutti è l'allenatore Michael Dusek. Non si era sbagliato sul conto di Klose. Quel ragazzo, che l'anno prima si era messo in luce nell'Homburg ma che restava comunque una scommessa, aveva della stoffa. E in ogni caso era un elemento su cui poter fare affidamento da subito.
Dusek continuerà a schierare Klose titolare. Lo farà anche alla seconda giornata, nel match esterno giocato sul campo del Borussia Dortmund II e poi ancora nelle successive partite. Klose gioca sempre e gioca bene. Gli manca solo il gol, ma il tecnico è contento lo stesso, perché grazie a Miro la squadra ha tante soluzioni offensive. E non ha importanza se poi a segnare sono gli altri. Lui, Miro, ovviamente non la pensa così. È felice di far segnare gli altri, ma vorrebbe pure lui fare qualche gol. Deve pazientare un po', ma neanche poi tanto. La rete con cui rompe il ghiaccio arriva alla settima giornata. È il 5 settembre del 1999, al Fritz Walter Stadion si gioca Kaiserslautern II-Verl. Finirà 2-1 per i padroni di casa. A sbloccare il risultato ci pensa, al 23', proprio Klose. È una gioia irrefrenabile per il ragazzo arrivato dalla Slesia. Non segnava dal mese di aprile, da quando con l'Homburg aveva realizzato il suo primo e, fino a quel momento, unico gol in Regionalliga. Rompere il ghiaccio era fatta per lui una questione vitale. E, una volta sbloccato, i gol cominciano ad arrivare copiosi. Un mese dopo, il 5 ottobre, Miro realizzerà anche la prima doppietta (in Kaiserslautern II-Essen 3-2). Ci saranno poi gol segnati fuori casa (il primo lo segna nel

match con il Pirmasens), reti importanti (come quella dell'1-1 a due minuti dalla fine nella gara di ritorno con l'Elvsberg) e poi un'altra doppietta, la prima in trasferta (il 5 febbraio del 2000 a Bochum, dove il Kaiserslautern II umilia il Bochum II con un pesante 6-1). E così, in breve tempo, Klose diventa la punta di diamante della squadra riserve del Kaiserslautern. Delle sue imprese, delle sue qualità si parla con sempre maggiore insistenza all'interno della prima squadra. E, piano piano, una clamorosa decisione comincia a maturare.

Finalmente in Bundesliga

Il rendimento in campo; i gol; l'impegno in allenamento; un carattere sempre disponibile; gli atteggiamenti mai sopra le righe; la capacità di comprendere e mettere in pratica le indicazioni dei tecnici. Questo e altro ancora spinge dirigenti e allenatori del Kaiserslautern a monitorare sempre più da vicino Klose, nel corso della sua prima stagione nel club biancorosso. Miro era stato preso per giocare nella squadra riserve, certo, ma vista l'età ancora relativamente giovane, era uno di quegli elementi che – se si fosse giocato bene le sue chance – avrebbe potuto essere preso in considerazione per la prima squadra, a partire ovviamente dalla stagione successiva. Ci speravano i dirigenti del Kaiserlautern, ma non ci contavano troppo. È la filosofia di tutti i club tedeschi, che deriva poi da questa possibilità di testare in una seconda squadra, che gioca un campionato minore, le potenzialità dei propri giovani. In Italia non c'è quest'opportunità. Le società di serie A devono andare a prendere i giocatori in altri club di categorie inferiori, o all'estero, quasi a scatola chiusa.

Se sono pronti per la prima squadra bene, se invece non lo sono rischiano di «marcire» in panchina o in tribuna. In Germania, ma anche in Spagna, non è così.
E questa è stata la fortuna di tanti calciatori che ci hanno messo qualche anno più di altri a esplodere, a diventare grandi. È il caso di Klose, appunto. Che a Kaiserslautern arriva a 21 anni già compiuti, dopo aver disputato solo un mezzo campionato di Regionalliga con l'Homburg (mezzo perché anche lì a Homburg all'inizio giocava con le riserve in quinta divisione). Se il Kaiserlaiutern l'avesse dovuto prendere solo per la prima squadra, quasi certamente l'avrebbe scartato. Con la possibilità di farlo crescere nella squadra riserve, invece, il gioco valeva la candela.
E la candela si accende, perché nella squadra riserve Klose dimostra le sue tante qualità, dimostra di essere un attaccante completo, di essere un atleta serissimo, un ragazzo concreto e senza fronzoli. I dirigenti si stropicciano gli occhi, anche perché è arrivato quasi gratis, viste le difficoltà economiche dell'Homburg. Così comincia a prendere quota la possibilità che, nella stagione successiva, Miro entri a far parte della prima squadra. Gli allenatori della squadra riserve e i dirigenti del club ne parlano a Otto Rehhagel, tecnico della prima squadra e «mammasantissima» di tutto il Kaiserslautern.
Rehhagel ascolta, ma non si pronuncia. Vuole valutare di persona quel ragazzo di cui tutti dicono un gran bene. Lo osserva in alcune partite di campionato del K'lautern II, lo va anche a «spiare» in allenamento. L'elemento è indubbiamente interessante e potrebbe fare al caso della prima squadra, pensa Otto. Però la decisione da prendere non è semplice. Puntare sul giovane Klose significa rinunciare a qualche elemento più esperto. E si sa quanto i tecnici di

lungo corso preferiscano quasi sempre l'«usato sicuro» alle scommesse, per quanto affascinanti.
I dirigenti spingono però per la promozione di Klose e, tutto sommato, questa particolare scommessa intriga lo stesso Rehhagel, che, tuttavia, qualche dubbio ce lo ha ancora. E allora, ecco il colpo di scena, la trovata che consentirà all'allenatore di prendere una decisione con cognizione di causa: la promozione in prima squadra di Klose viene anticipata alla parte finale della stagione in corso.
Innanzitutto perché il ragazzo ha dimostrato di meritarla grazie alle prove fornite con la squadra riserve. Poi perché, dopo lo scudetto vinto l'anno prima, il Kaiserslautern di Rehhagel si è ormai attestato tra la quarta e quinta posizione in classifica (finirà poi il campionato al quinto posto) ed è dunque in una situazione di assoluta tranquillità: il titolo è andato (lo vincerà il Bayern), mentre la qualificazione in Coppa Uefa è già al sicuro. Ci sono quindi le condizioni ideali per fare qualche esperimento, come lanciare qualche giovane interessante.
Klose viene aggregato alla prima squadra in allenamento, pur continuando a giocare nel fine settimana per la formazione riserve. Per Miro, quest'anticamera del paradiso è già una soddisfazione enorme. Ora può sognare e sperare in quel debutto in Bundesliga che solo pochi mesi prima era utopia assoluta. E comunque, anche se per l'esordio nel massimo campionato dovrà ancora pazientare, può allenarsi nel frattempo agli ordini del mito Rehhagel e insieme a grandi giocatori che appena un anno prima si erano laureati campioni di Germania.
Li scruta, cerca di carpirne i segreti, chiede consigli. Nella rosa del Kaiuserslautern c'è anche un campione del

mondo, nonché uno dei più grandi calciatori degli anni Novanta a livello internazionale: Youri Djorkaeff. Appena un anno e mezzo prima, Klose lo aveva visto alzare al cielo la coppa del Mondo a Parigi, al termine di quei Mondiali francesi che lui, Miro, aveva visto dalla tv della sua casa di Kusel. Aveva già 20 anni all'epoca e aveva appena finito di giocare un campionato di Settima divisione con il Blaubach. Se qualcuno gli avesse pronosticato che meno di due anni dopo sarebbe diventato compagno di squadra di uno degli eroi di quel Mondiale, Djorkaeff appunto, lo avrebbe preso per matto.

E invece, in quella primavera del 2000 in cui si consuma il passaggio part-time (solo per gli allenamenti) di Klose in prima squadra, quel sogno ai limiti della pazzia diventa realtà. In quello che per lui è una specie di Eden, Klose entra ovviamente in punta di piedi. Le ambizioni non gli fanno difetto, ma ha un carattere schivo e – anche volendo – non riuscirebbe mai ad avere modi sbagliati. Proprio questo suo «profilo basso» lo aiuta a inserirsi bene nel gruppo dei grandi. Lo fa ben volere da tutti i giocatori, lo fa apprezzare da Rehhagel, anche lui personaggio estremamente concreto che non ama (anzi, odia) gli atteggiamenti fuori copione.

Ma Klose si fa ovviamente apprezzare soprattutto per le sue qualità di giocatore. Che mostra in allenamento, durante le partitelle, ogni volta che gli viene concessa la possibilità di farlo. La rosa del Kaiserslautern ha nel reparto avanzato fior di giocatori. Oltre a Djorkaeff c'è anche lo svedese Petterson e c'è soprattutto un certo Igli Tare. Col gigante albanese, nonostante la differenza di età, nascerà un'amicizia che resisterà agli anni e alle differenti strade che prenderanno le rispettive carriere. E che, alla

fine, li porterà a riunirsi sotto la bandiera della Lazio una decina d'anni dopo.
Ma tutto questo, oltre che impensabile, è così tremendamente lontano in quella primavera del 2000. Klose, in quel momento, ha una sola idea per la testa: convincere Rehhagel e i senatori del gruppo che lui è degno di far parte della prima squadra. Capisce che questa opportunità è il famoso treno che passa una sola volta nella vita. Lo deve prendere, quel treno. Deve salirci a bordo a tutti i costi. E così raddoppia e triplica la sua già elevatissima carica agonistica. Sorprende tutti per le sue doti, fa breccia (calcisticamente parlando) nel cuore dei compagni di squadra e dell'allenatore.
Col passare dei giorni Rehhagel si convince sempre di più che sì, questo Klose può giocare anche in Bundesliga. E decide che è giunto il momento di rompere gli indugi, di farlo esordire con la prima squadra. O quanto meno di convocarlo per qualche partita di campionato. C'è anche una situazione contingente che favorisce l'inserimento di Klose: il leggero infortunio che costringe Djorkaeff a rientrare ai box e saltare le ultime gare della Bundesliga. A giugno c'è il Campionato europeo in Belgio e Olanda e, visto anche che ormai per il K'lautern il campionato non ha molto altro da dire, Djorkaeff preferisce curarsi con calma per presentarsi tirato a lucido a Euro 2000 (che poi vincerà con la Francia, in una finale che per noi italiani sarà una delle più grandi beffe della storia del calcio).
Al posto di Djorkaeff, Rehhagel fa giocare l'esperto svedese Petterson. Ma in lui balena l'idea di dare spazio anche a quel Klose arrivato dalla formazione riserve che in allenamento si è comportato decisamente bene. Aspetta solo che ci sia la partita giusta, quella in cui poter «rischiare»

il debutto di un giovane. E l'ora «X» finalmente arriva. Scocca il 15 aprile del 2000 al Fritz Walter Stadion, in occasione di Kaiserslautern-Eintracht Francoforte.
Il giorno prima, al termine dell'allenamento, a Klose viene comunicato di non prendere impegni per le ore successive: sarà infatti convocato per la partita con l'Eintracht. Miro stenta a crederci, quasi sviene per la felicità. Non se l'aspettava, anche se un po' ci sperava. Per lui è il primo, importante traguardo tagliato da quando è arrivato a Kaiserslautern. Assaporerà l'atmosfera della Bundesliga, anche se solo dalla panchina. Ma è già un risultato straordinario, visto quanto sia raro, quasi impossibile, che un ragazzo preso per la squadra riserve nella stessa stagione entri a far parte della prima squadra per una partita ufficiale.
Non sta nella pelle, Miro, e quasi non dorme il giorno che precede la gara. Anche se, in cuor suo, è convinto che resterà dall'inizio alla fine in panchina. Ma già il fatto di poter – teoricamente – scendere in campo per un match di Bundesliga lo rende elettrico. La partita è combattuta, il Kaiserslautern dovrebbe vincere agevolmente, ma fa fatica a piegare l'Eintracht. Alla fine, però, arriva il gol che sblocca la gara: lo realizza Reich al 57'. Anche lui è un giovane che arriva dalla formazione riserve, solo che è già da un paio d'anni in prima squadra. È comunque un segno del destino che Rehhagel non si lascia sfuggire. E così dopo essere passato in vantaggio grazie a un gol di un ex elemento della squadra riserve, l'allenatore decide di farne debuttare un altro.
Manca poco più di un quarto d'ora al termine quando Rehhagel dice a Klose di alzarsi dalla panchina per il riscaldamento. A Miro tremano le gambe, sugli spalti ci

sono più di quarantamila spettatori, a lui al massimo era capitato di giocare davanti a qualche migliaio di persone. Quel Fritz Walter Stadion che, quando ci metteva piede con le riserve, era sempre deserto, ora mette paura. Ma, d'altro canto, questa è l'occasione che aspetta da una vita. Ha già 21 anni e 10 mesi, ha aspettato anche troppo per debuttare in Bundesliga. E allora chissenefrega dell'emozione: è finalmente arrivato il momento di poter spiccare il volo.
Scocca il 76' quando Miro entra in campo. Sostituisce lo svedese Petterson che lo abbraccia e lo incoraggia. Klose ne ha bisogno, anche se dal suo volto non traspare un'emozione particolare. Ma dentro ribolle. Cosa che non gli impedisce di giocare come sa, anche se solo per una quarto d'ora. Si disimpegna bene, contribuisce a conservare quell'1-0 maturato in precedenza. E così il suo debutto in Bundesliga coincide con una vittoria della sua squadra: particolare che certo non guasta.
Alla fine, i compagni lo abbracciano e Rehhagel gli fa i complimenti, sinceri. A tal punto sinceri che il fine settimana dopo lo convoca di nuovo per un match di Bundesliga. Stavolta si gioca fuori casa, il Kaiserslautern fa visita al Wolfsburg. Per Klose è dunque la prima trasferta con la squadra dei grandi. E sarà anche la sua seconda presenza in Bundesliga. Il K'lautern perde per 3-2, dopo che all'intervallo era in vantaggio per 2-0. Klose entra (al posto di Reich) a due minuti dalla fine, quando la rimonta dei padroni di casa si è già consumata. Lui e i suoi compagni provano a riagguantare il risultato, ma non c'è tempo. Giornata triste per la squadra, felice per Miro che colleziona la seconda presenza in Bundesliga.

La stagione è ormai agli sgoccioli, Klose viene convocato anche per la successiva partita, quella interna con l'Ulm. Finirà 6-2 per il Kaiserslautern, con una fantastica tripletta di Igli Tare. Klose guarderà l'intera gara dalla panchina, senza entrare in campo. Rehhagel è costretto a sostituire due volte il portiere e resta così senza cambi. Per Klose sfuma la terza presenza nel massimo campionato. Ma quante ne farà di partite in Bundesliga, da lì a pochi mesi.

2000, una nuova era

Quanto è diversa l'estate del 2000 da quella dell'anno prima. Quanto è diversa da tutte le estati precedenti. Miro la trascorre insieme con la famiglia, nella consapevolezza di essere ormai diventato un calciatore vero. È una gioia incredibile. Si sente di aver tagliato un traguardo, alla fine di un percorso lungo, tortuoso e difficilissimo. Ma, al tempo stesso, vive questa fase della sua vita e della sua carriera anche come un punto di partenza. E in effetti sarà così, perché la stagione che in quell'estate del 2000 sta per cominciare è solo l'inizio di una carriera luminosa, incredibile. Ma, in quel momento, Klose sente comunque di aver già toccato il cielo con un dito.
Appena un paio d'anni prima, a 20 anni già compiuti, era reduce da un campionato di Settima divisione. Avrebbe fatto carte false per arrivare a giocare in Terza o al massimo Seconda divisione. Ora, invece, può gridare al mondo tutta la sua gioia, forte del debutto in Bundesliga, avvenuto nella parte finale della stagione precedente, e forte soprattutto dell'inserimento in pianta stabile nella prima

squadra del Kaiserslautern. Già, il «tirocinio» effettuato con i grandi nelle ultime settimane della stagione 1999-2000 è stato valutato positivamente da tecnici e dirigenti del club biancorosso. Klose è stato promosso a pieni voti. Dalla stagione successiva sarà a tutti gli effetti un giocatore della prima squadra, uno dei componenti del reparto avanzato della formazione allenata da Otto Rehhagel. Al santone della panchina, al tecnico che a Kaiserslautern considerano un mito per quel titolo nazionale conquistato tra l'incredulità generale appena un paio d'anni prima, Klose va a genio. Anche se preferisce puntare su elementi più esperti e affidabili. Ma il vecchio Otto capisce che quel ragazzo, anche se arrivato un po' in ritardo sulla ribalta della Bundesliga, ha doti tecniche e intelligenza tattica che fanno al caso suo e del Kaiserslautern. Così, prima della fine del campionato 1999-2000, gli comunica che l'anno successivo sarà un giocatore della prima squadra. Ecco perché in quell'estate del 2000 Klose tocca il cielo con un dito. Ce l'ha fatta: è diventato un calciatore di una squadra blasonata che gioca in Bundesliga. Non sa quante partite farà, se e quante reti riuscirà a mettere a segno, ma l'importante è essere riusciti a entrare a far parte di un modo che fino a pochi mesi prima a stento sognava di poter un giorno frequentare. È il premio (meritatissimo) alla sua tenacia, alla testardaggine con cui ha inseguito un obiettivo che alla fine è riuscito a centrare. Potrà continuare ad allenarsi con Djorkaeff e Basler, con Koch e Tare. Rehhagel non sarà più l'inavvicinabile allenatore della prima squadra, ma il suo tecnico di tutti i giorni. Sì, ora è decisamente tutto bello e tutto tremendamente affascinante.

Klose va così in ritiro con la prima squadra. Non si monta la testa, però. Non è il tipo, Miro. E poi non può proprio permetterselo. Ha giocato solo un paio di spezzoni di partita in Bundesliga, quindi non ha fatto praticamente nulla. Si presenta quindi in ritiro con la stessa umiltà e la stessa pacatezza con cui aveva messo piede in prima squadra nei mesi precedenti. Si allena senza risparmiarsi mai, mette in mostra le sue qualità tecniche ma anche una carica agonistica che quand'era più giovane gli faceva un po' difetto e che invece, col passare degli anni, ha finalmente acquisito. Viene apprezzato e riempito di elogi. Ma sa che dovrà pazientare e aspettare il suo turno.

Non parte titolare, ovviamente. Non se l'aspetta neanche, non sarebbe neppure logico. Il reparto avanzato del Kaiserslautern continua a essere popolato di tanti ottimi campioni. C'è sempre Djorkaeff, il fuoriclasse francese, fresco tra l'altro di un titolo europeo con la sua Nazionale. Ci sono sempre Igli Tare e lo svedese Petterson, c'è ancora il tedesco Marschall, che per Klose è un mito. E a loro si è aggiunto pure l'interessante attaccante ceco Lokvenc. Tutti sono ovviamente davanti a Klose nelle gerarchie del gruppo. Perché hanno tante partite in Bundesliga alle spalle e perché hanno già ampiamente dimostrato tutto il loro valore.

Ma, anziché abbattersi, Klose vede tutto ciò in chiave positiva. Non tanto perché la concorrenza è uno stimolo a dare sempre qualcosa di più, quanto perché da tanti giocatori così importanti avrà molto da imparare. E potrà ancora crescere grazie al confronto quotidiano con tutti loro. E, in effetti, è ciò che accade. Giorno dopo giorno Klose migliora a vista d'occhio in allenamento. Ruba i segreti del mestiere ai compagni più esperti, cerca di

emularli e in larga parte ci riesce. Rehhagel nota e annota tutto ciò. Sa che quel ragazzo che ha già fatto debuttare in Bundesliga gli potrà ancora essere utile.
Il 31 luglio parte il campionato e Klose segue dalla tribuna la partita che il Kaiserslautern perde in casa con il Bochum. Non ci resta granché male, Miro. Sapeva in partenza che per lui sarebbe stata dura farsi largo tra tanti campioni. Ma non ha fretta e aspetta il suo turno. Che arriva già alla terza giornata. Dopo averlo ignorato nei primi due turni Rehhagel a sorpresa lo schiera titolare. È il 5 settembre del 2000, al Fritz Walter Stadion si gioca Kaiserslautern-Stoccarda. Vincono i padroni di casa per 1-0 grazie a un gol di Basler. Klose resta in campo fino al 60' quando lascia il posto a Hristov. E così anche la sua prima da titolare in Bundesliga coincide con una vittoria della sua squadra. Niente male.
Rehhagel è soddisfatto del suo rendimento, vorrebbe continuare a puntare su di lui, ma non sa come fare vista l'abbondanza di scelte che ha in attacco. E così comincia a maturare un'idea che metterà in pratica nel giro di un paio di settimane. Dopo averlo lasciato in panchina nella partita successiva, alla quinta giornata Rehhagel schiera Miro di nuovo titolare. Lo fa giocare dal primo minuto, il tecnico, ma con un piccolo grande particolare: a centrocampo, anziché in attacco. Non essendoci spazio davanti, pensa Otto, perché non utilizzarlo in mezzo al campo, chiaramente a ridosso delle punte? E così Klose, per qualche partita, gioca da interno destro di un 3-5-2 piuttosto offensivo.
Miro se la cava discretamente, anche se è evidente come quello non sia il suo ruolo. Ma lui si cala nella nuova realtà con l'abnegazione e la disponibilità di sempre. Per

fortuna sua e del calcio tedesco giocherà poche partite in quel ruolo, che gli saranno tuttavia utili per allargare il suo bagaglio tecnico. Klose diventerà infatti uno di quegli attaccanti sempre pronti a dare una mano ai compagni, a centrocampo e anche in attacco. Un'attitudine che sviluppa appunto in questa breve ma significativa fase della sua carriera in cui gioca da centrocampista.

Il ritorno alle origini, al ruolo di attaccante, si consumerà presto, appena un mese dopo, grazie all'avvicendamento che ci sarà sulla panchina della squadra biancorossa. A metà ottobre, infatti, Otto Rehhagel lascia il Kaiserslautern. È una sorta di divorzio consensuale quello tra il tecnico-santone e il club di cui è stato una bandiera, da calciatore prima e da allenatore poi. Pesano sulla scelta sia i risultati deludenti che la squadra sta ottenendo in campionato, sia, per Rehhagel, la prospettiva di tentare un'avventura nuova e completamente diversa: quella di commissario tecnico di una Nazionale. La Grecia lo ha già contattato e lui è tentato da questa ipotesi che poi si concretizzerà nel giro di qualche mese. E che sarà per Rehhagel una scelta felicissima, visto che nel 2004 l'allenatore tedesco porterà la piccola Grecia sul tetto d'Europa, vincendo in maniera insperata l'Europeo che si gioca in Portogallo.

Rehhagel quindi lascia e al suo posto sulla panchina del Kaiserslautern si accomoda Andreas Brehme. Sì, proprio lui, l'ex terzino dell'Inter dei record di Trapattoni, l'eroe di Italia '90, l'uomo che dal dischetto regalò alla Germania la vittoria sull'Argentina nella finale di Roma. Brehme, che da qualche anno si è ritirato, è al primo incarico da allenatore. Ha bisogno di un tutor che lo affianchi in panchina e il Kaiserslautern lo individua in Reinhard Stumpf.

Ma le scelte, le decisioni sono tutte dell'ex giocatore di Inter e Germania.
Come prima mossa, Brehme decide di puntare sui giovani, di svecchiare l'organico. Ritiene sia la terapia migliore per guarire una squadra che in campionato è in gravi difficoltà. La sua mossa segna anche una svolta nella politica societaria ed è ispirata e favorita dalla dirigenza stessa. Dopo i successi e le spese degli anni precedenti, il Kaiserslautern deve adesso stringere un po' la cinghia. Anche per questo si è lasciato partire un allenatore esperto come Rehhagel e si è puntato su un tecnico emergente come Brehme.
La stessa filosofia dovrà ora ispirare le scelte di formazione dell'allenatore. Che nei mesi a seguire metterà progressivamente da parte i vecchi per dare spazio ai più giovani. Klose è il primo a beneficiare di questa svolta. Con l'avvento di Brehme, infatti, Miro diventa titolare fisso e lo diventa in attacco, in quello che è sempre stato il suo ruolo naturale. È così già nella prima di Brehme sulla panchina del Kaiserslautern, nel match giocato a Monaco e vinto per 4-0 sul campo del Monaco 1860, il 14 ottobre del 2000. Klose è il centravanti di una squadra che non solo s'impone, ma che diverte anche per il suo gioco spigliato. Non segna quel giorno, Miro, ma è uno dei migliori in campo.
Brehme lo abbraccia a fine partita (come del resto fa con tutti gli altri protagonisti della sonante vittoria) e gli promette che da lì in avanti non rinuncerà più a lui. Le cose andranno esattamente così, perché da quel momento Klose non uscirà più di squadra, a parte qualche partita nel finale di stagione per via di piccoli infortuni. Miro sarà sempre titolare, ad alternarsi saranno gli altri, compresi i

grandi Djorkaeff e Marschall, compresi il nuovo acquisto Lokvenc e l'esperto Petterson. Tare, invece, cambierà squadra a gennaio. Per lui si apriranno le porte del campionato italiano grazie al Brescia.

Klose titolare fisso, dunque. Una svolta incredibile fino a pochi mesi prima. Ma la fiducia incondizionata che Brehme gli riserva è subito ripagata. Perché Klose continua a giocare bene e inizia pure a segnare. Il primo gol stagionale, che è poi il primo in assoluto in Bundesliga, arriva il 20 ottobre del 2000, data storica per Miro e per tutto il calcio tedesco. Il futuro attaccante della Nazionale mette a segno, all'85', il secondo dei due gol con cui il Kaiserslautrern stende il Werder Brema. Il Fritz Walter Stadion si alza in piedi per salutare il suo primo gol in biancorosso. E lui festeggia con quello che da lì in avanti diventerà il suo marchio di fabbrica: una capriola con salto mortale. Lo chiameranno il saltimbanco per via di questo strano modo di esultare, che è poi figlio di una promessa fatta ai suoi amici d'infanzia di Kusel: «se faccio gol in Bundesliga, festeggio con una capriola».

A quel gol faranno seguito nei mesi e negli anni a venire decine e decine di altre marcature. Ma per Miro il gol non è mai un'ossessione. Lui non è il tipo di attaccante che, se vede un compagno meglio posizionato, non gli passa la palla perché vuole segnare lui. È così già in quella prima stagione vissuta da protagonista. A lui, oltre che far gol, piace anche farli fare ai compagni. A fine campionato, comunque, saranno 9 le marcature di Klose in 29 partite di Bundesliga. Con due doppiette, la prima delle quali frutta al K'lautern una vittoria memorabile sull'Amburgo. Un 2-1 maturato tutto nei minuti finali: all'86' e all'88'

le due reti di Miro, poi al 90' quella (inutile) del portiere dell'Amburgo Butt su rigore.
Ma in quella prima, fantastica stagione da titolare del Kaiserslautern Klose gioca (e segna) pure in Coppa Uefa. Il K'lautern, infatti, arriva sino alla semifinale della competizione continentale, dove viene eliminato dalla formazione spagnola del Deportivo Alaves, che poi in finale sarà battuto dal Liverpool. Klose gioca ognuna delle 12 partite che vedono impegnata la formazione tedesca. E segna pure due reti. La prima (che è la prima in assoluto in una coppa europea) arriva il 7 dicembre del 2000. È uno dei tre gol con cui il K'lautern umilia il Glasgow Rangers, ribaltando lo 0-1 subito all'andata in Scozia. La seconda marcatura europea di Miro è invece inutile. È il gol della bandiera segnato dai tedeschi nel pesante ko (5-1) rimediato in Spagna nella semifinale di andata con l'Alaves. Europa amara, dunque, ma stagione dolce, anzi dolcissima, perché nel frattempo Klose ha anche debuttato in Nazionale. Ma quella tra lui e la Germania è una storia da raccontare a parte. Tutta d'un fiato.

L'erede di Fritz Walter

Dall'anonimato dei campi di terza divisione alle luci sfavillanti della Bundesliga. Dall'essere un calciatore qualsiasi, poco conosciuto e poco considerato, alla ribalta del calcio tedesco grazie anche alla prima convocazione in Nazionale. Tutto nel giro di pochi mesi. Un altro, al suo posto, avrebbe perso la testa. Tanto, troppo e tutto in breve tempo. La storia del calcio è piena di giocatori promettenti che esplodono all'improvviso e non riescono a reggere la dimensione da star, raggiunta senza salire un gradino per volta. Non è il caso di Klose. Ha un carattere troppo forte, una tempra forgiata negli anni della difficile adolescenza – trascorsa da immigrato in una terra di cui non conosceva neppure la lingua – per farsi travolgere da questa improvvisa notorietà.
E così, anche dopo la stagione della consacrazione, la 2000-01, Miro resta lo stesso di sempre: il ragazzo della porta accanto, la persona di cui fidarsi a occhi chiusi, il giocatore che non vedrai mai atteggiarsi a divo. Certo, il mondo attorno a lui nel frattempo è cambiato. Lo ricono-

scono e lo fermano per strada. A Kusel, dove la famiglia continua a vivere, è diventato un mito assoluto. Ancor di più lo è a Kaiserslautern, dove da anni aspettavano un bomber implacabile come lui.
E così, grazie alle reti e alle prestazioni di Miro, i tifosi più anziani del K'lautern rivivono la leggenda di Fritz Walter, l'indimenticabile attaccante della Germania Ovest campione del mondo nel 1954, che a tutt'oggi è il calciatore più amato e più rappresentativo del Kaiserslautern. Di cui più che una bandiera è stato un autentico monumento, tanto che nella città della Renania-Palatinato gli hanno dedicato lo stadio quando ancora era in vita (in Germania è consuetudine farlo).
Certo, all'inizio il paragone con Walter può sembrare blasfemo per Klose, ma – si sa – ai tifosi piace sognare. E Miro fa di tutto per assecondare la suggestione. Soprattutto nel corso della sua seconda stagione da titolare con la maglia biancorossa del K'lautern. Dopo i gol e le ottime prestazioni fornite nella Bundesliga 2000-01, il tecnico Andreas Brehme decide di puntare su Klose, senza se e senza ma, nella stagione successiva. Il processo di ringiovanimento voluto dal club nel frattempo procede spedito. Ne ha fatto le spese Youri Djorkaeff, ceduto al club inglese del Bolton. Sono tuttavia rimasti gli altri pezzi grossi dell'attacco: Marschall, Petterson, Lokvenc. A loro si è aggiunto un nuovo acquisto, il brasiliano Lincoln. Per Klose, insomma, la concorrenza non manca. Ma Miro non si spaventa. Sa di avere la stima incondizionata di Brehme e sa quali siano le sue enormi potenzialità.
Nelle prime partite del nuovo campionato resta tuttavia in panchina, giocando solo spezzoni di gara. Bocciatura? No. Miro è reduce da un piccolo infortunio patito durante

il ritiro estivo e Brehme non vuole rischiarlo. Lo porta in panca e lo manda in campo nei minuti finali per farlo rodare. E, da subentrato, Klose segna il suo primo gol stagionale. Accade alla quinta giornata ed è una marcatura pesante, perché consente al K'lautern di sorpassare il Werder Brema e vincere per 2-1 la sfida con gli anseatici. Dalla successiva partita, Klose sarà schierato titolare e non uscirà più di squadra fino alla fine del campionato.
La partenza del K'lautern, peraltro, è micidiale. La squadra di Brehme e Klose vince le prime sette partite di Bundesliga, impresa che non le era mai riuscita. E così si ritrova prima a punteggio pieno, con un discreto vantaggio sulle inseguitrici: il Bayern, secondo, è distanziato di cinque punti. Una vera sorpresa perché, alla vigilia del campionato, il Kaiserslautern non veniva considerato tra le favorite per il titolo.
Ma gli addetti ai lavori non avevano fatto i conti con la crescita esponenziale di Klose. Che, superati i piccoli problemi fisici iniziali, diventa irresistibile. Segna con puntualità sconcertante ed è bravissimo a far segnare i compagni. L'attacco del Kaiserslautern diventa il più prolifico dell'intera Bundesliga. A Kaiserslautern, l'entusiasmo è alle stelle. Si sogna un nuovo piatto d'argento, dopo quello vinto a sorpresa nel '98 con Rehhagel in panchina. E scoppia la Klose-mania.
Ormai il paragone con Fritz Walter diventa ricorrente, quasi ossessionante. Ad alimentarlo contribuisce lo stesso campione degli anni Cinquanta. Nel 2001, Walter è ormai un signore di oltre 80 anni che vive nei pressi di Kaiserslautern e continua a seguire da vicino le vicende di quella è stata, da giocatore, la sua unica squadra (384 gare disputate e 327 gol segnati tra il 1937 e il 1959). Ogni sua

parola, ogni suo piccolo sguardo a Kaiserslautern sono Vangelo. Così, il fatto che lui s'intrattenga sempre più spesso con Miro ha tutto il sapore di una vera e propria investitura per il ragazzo arrivato dalla Polonia. Walter se lo coccola, gli promette (e manterrà la promessa) una bottiglia di vino per ogni gol segnato in Bundesliga.
Gliene regalerà parecchie, Walter, in quella stagione 2001-02. Klose segna ben 16 gol in quel campionato. Per lui è una stagione trionfale, un po' meno per il Kaiserslautern che, dopo la partenza da record, rallenta vistosamente la sua corsa. Chiude comunque il girone di andata al terzo posto, in zona Champions, e a soli 4 punti dalla capolista Leverkusen. Ma nel girone di ritorno procede tra alti e bassi. Chiuderà al settimo posto, tutto sommato un buon piazzamento, se non fosse per la beffa che si consuma nella giornata conclusiva. Prima degli ultimi 90 minuti, il K'lautern è al sesto posto in classifica (l'ultimo utile per qualificarsi in Coppa Uefa). La squadra di Klose è a pari punti col Werder Brema, che ha una migliore differenza reti. Deve quindi fare meglio dei rivali per andare in Uefa. Il calendario sembra volergli dare una mano. Il Werder gioca sul campo del Borussia Dortmund, che deve assolutamente vincere per conquistare il titolo (cosa che poi effettivamente accadrà). Il K'lautern va invece sul campo del tranquillo Stoccarda. È una partita rocambolesca: a un quarto d'ora dalla fine Klose segna il gol del 3-3, sembra fatta, ma nel finale lo Stoccarda va in gol per il 4-3 finale. E addio Coppa Uefa.
La beffa che si consuma all'atto conclusivo della Bundesliga 2001-02 è un po' uno spartiacque delle cinque stagioni vissute da Klose al Kaiserslautern. Si chiude – col retrogusto amaro per la mancata qualificazione in Uefa –

un periodo felice, se ne apre uno molto meno esaltante. Incidono sui destini della formazione biancorossa i problemi finanziari, che causeranno anche una crisi ai vertici della dirigenza, con le dimissioni di Jürgen Friedrich, Robert Wieschemann e Gerhard Herzog, il triumvirato alla guida del club. Al loro posto arriva un nuovo presidente, Rene Jäggi. Che come primo atto vende al Comune di Kaiserslautern la proprietà del Fritz Walter Stadion. Una scelta dolorosissima, ma necessaria per evitare al club la bancarotta.

La crisi societaria si riflette inevitabilmente sulla squadra. L'inizio della stagione è semplicemente disastroso. Il K'lautern perde quasi sempre, nonostante abbia un centravanti – Klose, appunto – che appena pochi mesi prima è stato uno dei grandi protagonisti del Mondiale nippo-coreano. Ma la squadra biancorossa è bloccata. Ha perso due uomini navigati come Marschall e Petterson (che si sono ritirati), al loro posto ci sono giovani di belle speranze ma ancora inesperti. Il solo Klose, insomma, non basta.

Dopo il pareggio iniziale con lo Stoccarda (1-1, rete di Klose, tanto per cambiare), il K'lautern infila tre sconfitte consecutive, dalla seconda alla quarta giornata. Ne fa le spese Andreas Brehme, che viene allontanato dalla panchina. Al suo posto arriva l'esperto tecnico belga Eric Gerets, che pochi mesi prima aveva chiuso la sua esperienza con il Psv Eindhoven. Ma il cambio della guardia alla guida tecnica non produce effetti. Il Kaiserslautern continua a sbandare. Vince la sua prima partita stagionale solo alla nona giornata, grazie al 4-0 ai danni dell'Energie Cottbus: Klose, con una doppietta, dà una grande mano ai compagni per rompere finalmente il ghiaccio. Poi le

cose peggiorano di nuovo. Il K'lautern oscilla tra ultimo e penultimo posto in classifica fino alla fine del girone di andata.
Sembra non esserci speranza, l'incubo retrocessione si fa sempre più concreto e minaccioso. Klose vive male questo periodo. È un durissimo ritorno alla realtà dopo le «notti magiche» vissute l'estate precedente al Mondiale con la maglia della Germania. Fa fatica a calarsi nella nuova realtà, fatta di una lotta per non retrocedere che sente ovviamente riduttiva rispetto alla sua nuova dimensione. Miro, però, è un ragazzo leale e riconoscente. Il Kaiserslautern è casa sua. È la squadra che gli ha consentito di diventare un calciatore vero, è la società che ha puntato su di lui quando nessuno lo conosceva. Sente di essere ancora in debito con l'intero ambiente. E decide che qualcosa bisogna fare. Che non si può accettare l'idea di veder sprofondare nella Bundesliga 2 il suo glorioso club. Lo deve anche a Fritz Walter. Il campionissimo se n'è andato qualche mese prima, mentre lui era in Estremo Oriente a giocare quel Mondiale che, appena un anno prima, per lui era solo un miraggio. Walter lo aveva adottato, era stato per lui uno stimolo a migliorarsi e un modello cui ispirarsi. Non gli avrebbe mai perdonato una retrocessione in seconda divisione. E così, Klose decide di caricarsi la squadra sulle spalle, insieme ai «vecchi» dello spogliatoio, Mario Basler e Ciriaco Sforza, tornato al K'lautern dopo l'esperienza al Bayern Monaco.
Con il nuovo tecnico Gerets, stringono un patto di ferro che dà i suoi frutti nel girone di ritorno. Tanto era stato brutto il cammino della squadra nella prima parte della stagione, quanto è invece esaltante nella seconda parte. I biancorossi infilano una serie positiva di dieci partite,

dalla diciannovesima alla ventottesima giornata, grazie alla quale si tirano fuori dalla zona retrocessione. Fondamentali sono ovviamente i gol di Klose. Pesantissimi quelli con cui firma sia l'1-0 al Leverkusen, sia l'1-0 al Werder. E protagonista assoluto, Miro, lo è poi nel 5-0 al Norimberga con un gol e due assist.

E non è tutto. Perché il Kaiserslautern trasformato della seconda parte di stagione fa ancora in tempo a dare spettacolo nella Coppa di Germania, che sta entrando nel vivo. La squadra di Klose arriva fino alla finale che però perde all'Olympiastadion di Berlino contro l'insuperabile Bayern. Finisce 3-1 per i bavaresi, che prendono subito il largo con la doppietta di Ballack e la rete di Pizarro. Klose segna la rete della bandiera a pochi minuti dalla fine. Sfuma, per lui, la possibilità di aggiudicarsi il primo trofeo della carriera. Avrà modo di rifarsi. E il Kaiserslautern, pur sconfitto, acquisisce comunque il diritto a partecipare alla Coppa Uefa nell'anno successivo.

Durerà poco, peraltro, l'avventura europea del K'lautern l'anno successivo. I biancorossi escono già al primo turno per mano del non irresistibile club ceco del Teplice, Klose segna l'unica rete dei biancorossi nel duplice confronto. In Bundesliga le cose non è che vadano molto meglio. Tutt'altro. La stagione parte in salita anche per via dei tre punti di penalizzazione, inflitti al club per inadempienze finanziarie. E il cattivo giorno si vede dal mattino, visto che la squadra di Klose comincia subito con una sconfitta interna, con il non irresistibile Monaco 1860. Alla seconda giornata arriva una vittoria che illude l'ambiente, sul campo del Colonia. A propiziarla, manco a dirlo, è sempre Klose, che dà il via alla rimonta con una sua marcatura. Inizia poi una discesa inarrestabile che si interrompe solo

alla nona giornata col successo colto a Francoforte contro l'Eintracht (3-1 con gol di Klose).
La situazione resta però critica, la squadra è stata ulteriormente ringiovanita per i problemi economici che sta vivendo la società, e sul campo paga la sua scarsa esperienza. Si procede tra alti e bassi, tra fughe in avanti e duri ritorni alla realtà. Klose ce la mette tutta, vince praticamente da solo la partita con l'Hertha Berlino: finisce 4-2 per il K'lautern, Miro fa una tripletta. Poi, la squadra vive nuove difficoltà. Come sempre accade in queste situazioni, a farne le spese è l'allenatore. A metà campionato, Eric Gerets è costretto a gettare la spugna. La società affida la panchina all'allenatore austriaco Kurt Jara, reduce da due discrete stagioni sulla panchina dell'Amburgo. A lui è affidato il delicato compito di condurre la squadra alla salvezza. Ce la farà, ma solo all'ultima giornata, grazie al pareggio col Borussia Dortmund. Gara nella quale fa il suo rientro in campo Klose, costretto per infortunio a saltare parecchie partite. Quell'anno in totale ne gioca 26 in Bundesliga, con 10 gol. Quel match col Dortmund, il 22 maggio del 2004, sarà l'ultimo con la maglia biancorossa del K'lautern. Miro lo sa. Per questo – anche se non è ancora al meglio – chiede e ottiene di scendere in campo. Prima di accomiatarsi da Kaiserslautern vuole, anzi deve, regalare un'altra salvezza a quel club cui sarà eternamente riconoscente. Ci riesce. E così l'addio è meno doloroso.

Parte quarta

La maturità

Cambio di prospettiva

Se sei nato nella stagione calda, è scontato che i grandi cambiamenti si consumino durante l'estate. Quella del 2004 rischiava di essere una delle più tristi per Miro da quando la sua carriera aveva preso la piega giusta. Triste perché, dopo il grande successo (personale e di squadra) colto due anni prima al Mondiale nippo-coreano, il Campionato europeo, disputatosi in Portogallo in quel mese di giugno del 2004, era andato piuttosto male, sia per lui che per la squadra. E, come se non bastasse, le vicissitudini finanziarie del Kaiserslautern, che già avevano condizionato il rendimento della squadra nelle ultime due stagioni, si stavano ulteriormente aggravando.
È in questo contesto piuttosto cupo che per Klose matura un'altra svolta fondamentale della carriera. Favorita, come la precedente, dalle difficoltà economiche del club di cui difende i colori. Il Kaiserslautern ha evitato d'un soffio la bancarotta, ma è ancora a rischio collasso. La ristrutturazione del Fritz Walter Stadion per i Mondiali del 2006 ha prosciugato le casse societarie. Per ripianare

i debiti urgono decisioni dolorose, sacrifici impensabili fino a poco tempo prima, ma che ora sono inevitabili per la sopravvivenza stessa del club.

Sacrifici. Ma sarebbe meglio parlare al singolare, perché l'unico sacrificio possibile, l'unica mossa che il K'lautern può fare è quella di cedere il suo giocatore più rappresentativo, l'unico che abbia mercato e che possa fruttare alle casse societarie i soldi necessari per andare avanti. E così, alla fine, sia pur a malincuore, il club biancorosso dà il via libera alla cessione di Klose. Ci sono tutti i club più importanti della Bundesliga interessati. Nel giro di pochi anni è diventato l'attaccante tedesco più forte, è ancora relativamente giovane (ha 26 anni), ha pertanto davanti a sé ancora tante stagioni da vivere da protagonista.

Il K'latutern cerca di capitalizzare al massimo la rinuncia al proprio campione, ma in Germania – si sa – non c'è l'abitudine a fare spese folli per comprare giocatori (meglio per loro, sicuramente). Alla fine l'offerta più interessante arriva da Brema. Il Werder, appena laureatosi campione di Germania, cerca un rinforzo importante per il suo attacco, in modo da poter partecipare da protagonista alla Champions League nella stagione che sta per iniziare. Il club anseatico individua questo rinforzo in Klose. Arriva a offrire una cifra vicina ai cinque milioni di euro.

Da altre parti, da noi in Italia o anche in Spagna, una cifra del genere sarebbe stata ritenuta troppo bassa per il ventiseienne attaccante della Nazionale. Ma per il mercato tedesco è una somma ragguardevole e – anche se sperava di spuntare una cifra più alta – il Kaiserslautern alla fine accetta. È una scelta che evita al club di avvitarsi ulteriormente nella spirale della crisi economica e che consente a Klose di accasarsi in una società più consona

alla sua dimensione attuale e alle sue ambizioni, che sono ormai quelle di uno degli attori più importanti dell'intero calcio tedesco.
A Brema, Miro potrà finalmente lottare per il titolo della Bundesliga e potrà giocare in quella Champions League che finora ha visto solo in televisione. Avrà modo di avvicinarsi all'appuntamento del secolo (il Campionato mondiale del 2006 in Germania) giocando in una delle squadre tedesche più importanti invece che in una formazione, il Kaiserslautern, il cui obiettivo massimo è diventato la permanenza in Bundesliga.
Klose è esaltato dalla nuova prospettiva. È quello che voleva, è quello che cercava da quando, un paio d'anni prima, aveva capito che a Kaiserslautern si era chiuso un ciclo felice e se ne era aperto un altro molto meno esaltante. Eppure, nonostante tutto, non riusciva a essere felice fino in fondo, Miro, in quell'estate del 2004. Lasciare Kaiserslautern era un passaggio epocale per la sua carriera e ancor di più per la sua vita. Fino ad allora aveva sempre giocato vicino casa. Kusel, la città in cui era riparata la sua famiglia dopo la fuga dalla Polonia, era a un tiro di schioppo da Kaiserslautern. Stare a Kaiserslautern significava stare a casa, con tutti i vantaggi che comporta. A Brema non sarebbe stata la stessa cosa, nonostante la bellezza della città e la sua grande vivibilità (la classica città a misura d'uomo, né troppo piccola né troppo grande). Miro, nel frattempo, si era sposato con Sylvia e la coppia aveva già avuto i loro gemellini, Luan e Noah. Klose, quindi, non si trasferisce a Brema da solo, ma con tutta la famiglia. Aspetto non secondario, ovviamente, che gli consente un inserimento nella nuova realtà più facile e più veloce. Sin da giovane, è sempre stato un tipo tutto

casa e chiesa, quest'ultima intesa come campo di allenamento. Con tali premesse non sarebbe stato così difficile ambientarsi a Brema, nonostante il radicale cambiamento geografico, dal Sud-Ovest al Nord della Germania, dal confine con la Francia della Renania-Palatinato, fin quasi al Mare del Nord.

Anche a livello calcistico, però, il cambio è radicale. Al Kaiserslautern, Klose era il re, il leader incontrastato. Al Werder, deve invece ripartire da zero. Oddio, non proprio da zero, visto che è pur sempre il centravanti della Nazionale tedesca. E visto, soprattutto, che la società biancoverde ha speso 5 milioni per assicurarsi le sue prestazioni. Ha deciso quindi di puntare forte su di lui. D'altro canto, Klose arriva nella squadra che ha appena vinto la Bundesliga, nella squadra più forte di Germania. E in una squadra del genere nessuno, neppure il più forte attaccante tedesco, ha il posto assicurato tra i titolari.

È la filosofia di Thomas Schaaf, allenatore del Werder e vera e propria istituzione del club anseatico. Ha speso tutta la sua carriera nel Werder, prima da giocatore, poi da assistente, quindi da vice-tecnico, infine da allenatore della prima squadra. È diventato responsabile della guida tecnica della prima squadra nel 1999 e, dopo tanti anni, è ancora lì al suo posto. Conosce bene Klose, sia perché, ovviamente, non c'è allenatore tedesco che non lo conosca, sia perché negli anni Ottanta è stato, al Werder, il vice allenatore di un certo Otto Rehhagel. Sì, proprio il santone che qualche anno prima lanciò Klose nel calcio che conta a Kaiserslautern. Anche dopo che le rispettive strade si sono divise, i due, Rehhagel e Schaaf, sono sempre rimasti in contatto e Klose è stato spesso un argomento di conversazione.

Facile immaginare la felicità di Schaaf quando i dirigenti gli prospettano la possibilità di prendere Klose. Ma, a volere il suo acquisto, è ancor di più il direttore sportivo del club, Klaus Allofs. Uno che di centravanti se ne intende, visto che anche lui è stato un grande attaccante negli anni Ottanta (fece le fortune del Colonia in coppia con Littbarski; nella Nazionale tedesca giocò 56 partite con 17 gol).
Benedetto da Schaaf e fermamente voluto da Allofs, Klose arriva a Brema da autentica star. Nonostante ciò, sa che dovrà conquistarsi il posto in squadra. È il metodo Schaaf, uno che non divide il suo gruppo in figli e figliastri e che, soprattutto, deve avere la massima riconoscenza nei confronti di una squadra che, appena pochi mesi prima, ha conquistato il titolo di campione di Germania. Una grande impresa, perché alla vigilia del campionato pochi avrebbero scommesso sul Werder. Un'impresa resa possibile dalla forza del gruppo, più che dalla classe dei singoli, pur non mancando di giocatori di valore. Come i tedeschi Baumann e Borowski, come lo svizzero Magnin o il francese Micoud. O il croato Klasnic, con cui Klose formerà una formidabile coppia d'attacco.
In questo gruppo così affiato e granitico, Klose fa un po' fatica a inserirsi. Schaaf lo schiera subito tra i titolari, ovviamente. E il 2 agosto del 2004 fa il suo debutto con la maglia biancoverde nella finale di Coppa di Lega che gli anseatici perdono contro il Bayern. Klose è titolare anche quattro giorni dopo, alla prima di campionato, nella vittoria per 1-0 del Werder sullo Schalke 04. Le prestazioni di Miro, però, non sono ancora all'altezza della sua fama, anche se arrivano i primi gol. Il primo in assoluto con la nuova squadra lo segna alla terza giornata, il 29 agosto,

ma è una marcatura inutile. Serve solo a rendere meno amara la sconfitta interna con il Wolfsburg (1-2). Segna anche all'Hannover, alla quinta giornata, poi per un paio di gare finisce in panchina: Schaaf non è contento del suo rendimento.
Le difficoltà iniziali finiscono presto. La svolta c'è il 25 settembre. A Bochum, Klose parte ancora dalla panchina ed entra in campo nella ripresa, sul punteggio di 1-1. In poco più di venti minuti realizza una fantastica tripletta con cui regala al Werder una sonante vittoria per 4-1. È la prima tripletta della sua carriera, è l'inizio vero (con un paio di mesi di ritardo) della sua avventura a Brema. Seguiranno tanti altri gol, a fine campionato saranno 15 in 32 partite, alla media di uno ogni due gare. Gol che impreziosiranno tante belle prestazioni. Klose segna tanto e fa segnare. Ne sa qualcosa quello che da qual momento diventa il suo gemello in attacco, il croato Klasnic. Che dell'altruismo di Miro beneficia per realizzare gol a ripetizione. Il rendimento del Werder è ottimo, ma la squadra di Schaaf non riesce a difendere il titolo conquistato a sorpresa l'anno prima. Chiude con un onorevole terzo posto, che significa anche Champions League.
Competizione che il Werder è felicissimo di poter nuovamente disputare, visto l'esito disastroso della campagna di quell'annata 2004-05. Il girone eliminatorio va così così ma alla fine si chiude bene, visto che i biancoverdi riescono a qualificarsi agli ottavi in un raggruppamento di cui fanno parte pure Inter, Valencia e Anderlecht. Il disastro arriva agli ottavi, con il Werder letteralmente umiliato dal Lione. I francesi vincono 3-0 a Brema e infieriscono al ritorno con un pesantissimo 7-2. Per Miro è una delle pagine più amare della carriera, nonostante la sua

prima partecipazione alla Champions. Il debutto lo fa il 14 settembre, entrando all'81' di Inter-Werder (che finirà 2-0 per i nerazzurri con doppietta di Adriano). Esordio in Champions contro una squadra italiana, dunque. E in uno stadio che, otto anni dopo, vedrà anche il suo esordio nella serie A italiana (contro il Milan, però). Il primo gol in Champions arriva già alla seconda partita, il 29 settembre con il Valencia al Weserstadion di Brema: è la prima delle due reti con cui i padroni di casa piegano gli spagnoli. Stagione di luci e ombre, dunque, la prima di Miro a Brema. Ma che si chiude con un episodio che accresce in maniera esponenziale la stima (già alta) nei suoi confronti dell'intero movimento calcistico tedesco. Accade il 30 maggio del 2005. A Brema si gioca Werder-Arminia Bielefeld. Padroni di casa favoriti, ma il risultato non si sblocca. Alla mezzora l'arbitro Fandel fischia un rigore per un fallo subito da Klose. Miro si rialza, si avvicina al direttore di gara e gli sussurra nell'orecchio: «Lascia stare, il portiere non mi ha toccato, non è rigore». Fandel lo guarda incredulo, lo ringrazia e cambia decisione. Alla fine il Werder vincerà lo stesso e per 3-0. Klose quel giorno non segna, ma il gol più bello lo aveva già segnato rinunciando a quel rigore fasullo. Qualche giorno prima, Miro aveva vissuto anche lo struggente ritorno da avversario a Kaiserslautern. Il Werder passa per 2-1, Miro non segna, forse perché non vuole infierire sui suoi vecchi tifosi, che, quando esce a 4 minuti dalla fine, si alzano tutti in piedi per omaggiarlo. E l'uomo di ghiaccio per poco non si commuove.

Il re della Bundesliga

Un anno è più che sufficiente per ambientarsi in una nuova realtà e sentirsi uno di casa, come se si fosse lì da sempre. Il secondo anno di Miro a Brema comincia con prospettive completamente diverse rispetto a quello precedente. Nel Werder si sente ormai a suo pieno agio. Con il tecnico Schaaf si è creato un ottimo rapporto, fatto di poche parole (perché entrambi sono tipi concreti, senza fronzoli) ma di un feeling pressoché totale. Con il resto della squadra, anche. Klose è un punto fermo del Werder, il tandem d'attacco che compone con Klasnic è il vero punto di forza dei biancoverdi. Il gruppo è più o meno lo stesso dell'anno precedente, con due nuovi acquisti che si riveleranno indovinatissimi e che faranno crescere ulteriormente il valore della rosa. In difesa, ecco il gigante brasiliano Naldo, per il centrocampo c'è invece il giovane tedesco Frings, che di lì a pochi mesi diventerà uno dei centrocampisti più forti dell'intera Bundesliga. Klose è carico a mille. E non solo perché dopo il primo anno di rodaggio sente che col Werder ora c'è la possibilità di fare grandi cose. È carico a mille anche perché quella che va a iniziare non è una stagione qualsiasi, è l'annata che si chiuderà con il Mondiale che si disputerà nella sua Germania. Un sogno che pochi campioni possono realizzare: giocare la fase finale di una Coppa del Mondo nel proprio Paese. Un'occasione irripetibile, un appuntamento con la storia che Miro non vuole assolutamente fallire. Così, quella stagione 2005-06 dovrà essere una graduale e serratissima marcia di avvicinamento a quel sogno che si chiama Germania 2006. Niente dovrà essere lasciato al caso, nessuna partita, neppure la più insignificante dovrà essere snobbata. Non è il tipo di giocatore, Miro, che pensa che risparmiarsi sia il modo migliore per avvicinarsi agli appuntamenti che contano. Lui sa di essere una macchina che, per girare al meglio, deve essere ben rodata. Per vivere un Mondiale da protagonista nell'estate successiva, deve necessariamente vivere una stagione da prim'attore con il Werder.

Ne è talmente convinto che comincia la Bundesliga a ritmi pazzeschi. Alla prima giornata segna già una doppietta. L'avversario è ancora quell'Arminia Bielefeld contro cui la stagione prima aveva rinunciato a un rigore ingiusto. Stavolta nessuna pietà: doppietta e vittoria per 5-2 del Werder. E nessuna pietà neppure nel secondo ritorno a Kaiserslautern, che si consuma già alla quarta giornata, il 10 settembre 2005. Stavolta, a differenza di quattro mesi prima, Miro non solo segna, ma sigla addirittura una doppietta, grazie alla quale il Werder affonda la sua ex squadra con un pesantissimo 5-1. *Core ingrato*, avremmo commentato noi in Italia. È il calcio, ribatterebbero invece i tedeschi.

La realtà è che, in quella che considera l'annata decisiva di tutta la sua carriera, Miro non può fermarsi davanti a niente e nessuno. Neppure agli amici di una volta. Continua a segnare a raffica, in quasi tutte le partite. E, quando gli si presenta l'opportunità, diventa pure famelico. Succede alla nona giornata: spettacolare tripletta nel 6-2 con cui il Werder umilia il Norimberga. È una delle sue migliori partite di sempre. Schaaf lo fa uscire a pochi minuti dal termine per fargli ricevere la sacrosanta *standing ovation* del Weserstadion di Brema.

Miro continua a segnare con puntualità sconcertante. Gli avversari non riescono a fermarlo, solo alcuni malanni fisici bloccano (ma solo per un po') la sua vena realizzativa. Un primo infortunio lo stoppa a novembre: si frattura uno zigomo al Camp Nou col Barcellona, in Champions. Ma salta solo tre partite di Bundesliga e, quando rientra, ricomincia da dove aveva lasciato. Aveva segnato una doppietta (al Wolfsburg) prima dello stop, riparte con un'altra doppietta, stavolta al Colonia. I suoi gol sono ormai un appuntamento fisso, una di quelle cose ineluttabili che sai che, comunque vada, accadranno di sicuro. Puntuali e inesorabili, come le vittorie che in quegli stessi anni coglie con la Ferrari un altro tedesco implacabile, Michael Schumacher.

Klose deve saltare altre quattro partite per infortunio, ma poi torna e ricomincia a segnare come prima, anzi più di prima. Pazzesco il suo finale di campionato. Realizza cinque gol negli ultimi tre match di Bundesliga. Due reti (e due assist) nel 5-3 con cui il Werder vince a Duisburg alla terzultima giornata. Poi altri due gol (e altri due assist) nel 6-0 con cui i biancoverdi strapazzano il Colonia alla penultima giornata. E infine un altro gol, pesantissimo, nel 2-1 con cui il Werder all'ultima giornata vince ad Amburgo in quello che è, di fatto, uno spareggio per il secondo posto. Il Werder è vice-campione di Germania, dietro l'insuperabile Bayern. Klose, però, è campione. Con 25 gol in 26 partite vince per distacco la classifica marcatori della Bundesliga. È il re dei bomber: per lui è il primo titolo, meritatissimo, che conquista in carriera. Un successo straordinario che arriva nell'anno giusto, quello dei Mondiali.

Peccato solo che, in quella stessa stagione, le cose non vadano altrettanto bene in Champions League. Ancora una volta, la corsa del Werder si ferma agli ottavi. A buttarli fuori, stavolta è la Juve. Anche se in realtà è il loro portiere Wiese a compromettere il passaggio ai quarti. Dopo la vittoria per 3-2 sui bianconeri a Brema (Klose non segna, ma gioca una gran partita), nella gara di ritorno a Torino a due minuti dalla fine il punteggio è sull'1-1. Sembra fatta, quando su un innocuo cross della squadra bianconera Wiese perde banalmente palla ed Emerson ne approfitta. Una beffa amarissima, per Klose e per la sua squadra. Che già in precedenza aveva fatto una certa fatica a superare il girone eliminatorio. Doppia sconfitta con il Barcellona (e al ritorno, al Camp Nou, Klose rimedia pure la frattura allo zigomo) e sconfitta anche ad Atene col Panthinaikos. La squadra di Schaaf passa al turno successivo grazie alle vittorie interne su Panathinaikos e Udinese (Miro segna in entrambe le sfide, quello ai friulani è il suo primo gol a una squadra italiana). Ma passa soprattutto grazie al «suicidio» dell'Udinese che nella gara conclusiva del girone affronta in casa il Barcellona già qualificato: ai friulani basterebbe un pareggio, ma il Barça – pur non giocando alla morte – vince per 2-0.

Ancora una volta, dunque, al buono, anzi ottimo comportamento in Bundesliga non corrisponde un cammino altrettanto felice in Champions. E, nella competizione europea, non andrà granché bene neppure nella stagione successiva. Ma l'annata 2006-07, che sarà poi l'ultima di Miro con il Werder, si apre in maniera trionfale per lui e per la sua squadra. Arriva subito un trionfo, quello in Coppa di Lega. È il meno importante dei trofei del calcio tedesco, ma è pur sempre un trofeo. Equivale alla nostra Supercoppa, che in Italia mette di fronte la squadra che vince il campionato e quella che si aggiudica la Coppa nazionale. In Germania la partecipazione è (anzi era, ora la formula è cambiata) allargata anche alle formazioni che sono arrivate ai primi posti del campionato. In tutto vi partecipano quindi sei squadre ed è l'atto iniziale della nuova stagione: si disputa in estate, prima che prenda il via la Bundesliga.
Il Werder si aggiudica l'edizione 2006 grazie alle vittorie in semifinale con l'Amburgo (2-1 per i biancoverdi) e in finale con il Bayern. La squadra di Schaaf s'impone sui bavaresi con un perentorio 2-0, propiziato dalle marcature dei suoi gemelli del gol, Klose e Klasnic. E si vendica così dell'esito del campionato precedente, che aveva visto trionfare il Bayern proprio davanti al Werder.
Per Klose è il primo trofeo conquistato in carriera. In quell'estate del 2006 avrebbe preferito vincere un'altra Coppa, ben più importante. Ma il Mondiale tanto atteso e tanto inseguito si era chiuso per la Germania con un ottimo eppure amarissimo terzo posto (beffata in semifinale dagli azzurri di Lippi). A quel Mondiale Klose aveva comunque vinto la classifica cannonieri, traguardo prestigiosissimo a livello individuale. Ma mai come in

questo caso avrebbe preferito fare qualche gol in meno e diventare campione del mondo.

Quella Coppa di Lega conquistata appena un mese dopo la delusione-Mondiale ha il sapore di un piccolo, gradito risarcimento per Klose. Un paio di mesi prima ha compiuto 28 anni, non è più un ragazzino e nel suo palmares non può vantare neppure un successo. Ben venga, dunque, questa Coppa di Lega. Se non altro, nessuno potrà rimproverargli di non aver vinto nulla in carriera. E poi, oltre a fargli voltare pagina dopo la beffa di Germania 2006, questo successo può essere letto come un buon auspicio in vista di una stagione che si annuncia interessante per il suo Werder.

La squadra anseatica si è stabilita da qualche anno nel *gotha* del calcio tedesco. Parte sempre tra le grandi favorite del campionato. È così anche in quell'estate del 2006. A un gruppo che può già contare su molti grandi campioni (a cominciare da quel Klose che ha appena vinto il titolo di re dei bomber del Mondiale) si sono aggiunti altri ottimi elementi. Come il brasiliano Diego, formidabile fantasista. Come gli attaccanti Almeida (portoghese) e Rosenberg (svedese), come il centrocampista Fritz e i difensori Wome e Mertesacker. Tutta gente di primissimo piano, tutti rinforzi che – nelle intenzioni della società – devono far compiere alla squadra di Schaaf il definitivo salto di qualità.

Dopo il secondo posto dell'anno precedente (senza però mai mettere seriamente in pericolo la vittoria del Bayern) si vuole puntare più in alto. L'obiettivo è quello di riportare a Brema un altro piatto d'argento, dopo quello conquistato nel 2004. La campagna acquisti è di primissimo piano e alimenta le speranze. Così come la vittoria in

Coppa di Lega. Ma a far sognare a occhi aperti il pubblico del Weserstadion è la partenza in campionato della squadra di Schaaf. Spinto dai gol di Klose e dalle ottime prestazioni di Diego e Fritz, di Frings e Klasnic, il Werder comincia una cavalcata che lo porta a vincere il platonico ma significativo titolo d'inverno (primo posto al termine del girone di andata) e che fa ritenere a tutti gli addetti ai lavori che questo possa di nuovo essere l'anno della compagine di Brema.
I successi della formazione biancoverde e le reti di Miro vanno di pari passo. Anche troppo. Infatti quando, nella seconda parte della stagione, Klose si bloccherà, si fermerà anche la squadra di Schaaf. Ma, fino alla pausa invernale, tutto ciò sembra impossibile. Klose segna già alla prima giornata (e il Werder passeggia sull'Hannover: 4-2). Alla settima giornata i ragazzi di Schaaf esagerano: 6-0 al Bochum. Ma la larga vittoria è giustificata: c'è da festeggiare il primo posto in classifica, conquistato appunto in questo turno. Alla nona giornata ecco un altro successo con punteggio tennistico: 6-1 sul campo del Magonza. Il protagonista di giornata? Un certo Miro Klose: due gol e due assist per lui.
Quella del Werder sembra davvero una marcia inarrestabile, così come le marcature del suo bomber. La squadra di Klose pare avviata verso la vittoria finale, anche perché le grandi tradizionali (a cominciare dal Bayern) vivono una stagione di transizione. Tanto che le rivali più insidiose sono lo Stoccarda e lo Schalke 04. Fino alla diciannovesima giornata, in realtà, il Werder sembra non avere proprio rivali. Ma la beffa è dietro l'angolo. Alla ventesima e alla ventunesima giornata sono in programma, in rapida successione, i due scontri diretti con Schalke e Stoccarda.

Vanno male, anzi malissimo. I Biancoverdi perdono prima in casa con la squadra di Gelsenkirchen (0-2) e poi subiscono una lezione a Stoccarda (finisce 4-1 per i padroni di casa). Il doppio ko provoca un contraccolpo psicologico che dura parecchio. La serie negativa s'interrompe solo alla ventiquattresima giornata, quando il Werder torna alla vittoria nel match col Bochum (3-0). Dopo questa, le vittorie tornano a essere merce rara.

Klose è al tempo stesso causa ed effetto della crisi. Non segna più, il bomber. Incappa in uno di quei periodi (è successo a tutti gli attaccanti, pure i più grandi) in cui la porta si restringe e, per quanto ti sforzi e ti impegni, il pallone non ne vuole più sapere di entrare. Dopo il gol realizzato alla diciannovesima giornata a Leverkusen (il primo dei due con cui il Werder s'impone per 2-0), Miro resta a secco fino alla ventinovesima giornata. Il digiuno si interrompe nella partita che il Werder vince a Dortmund, con il Borussia (2-0). Nel frattempo, la squadra biancoverde è scivolata dal primo al terzo posto e, anche se il distacco da Stoccarda e Schalke è contenuto, la corsa al titolo è compromessa.

La squadra di Schaaf finirà il campionato lì, al terzo posto, a quattro punti dallo Stoccarda che si aggiudica il titolo e a due dallo Schalke, secondo. È un epilogo amaro, dopo che per lunga parte della stagione a Brema si erano giustamente accarezzati sogni di gloria. E l'avventura stagionale in Europa non contribuisce ad attutire la delusione per l'esito della Bundesliga. Il Werder parte in Champions, ma deve poi continuare in Coppa Uefa. Chiude infatti al terzo posto il girone di Champions, dietro a Barcellona e Chelsea e davanti al solo Levski Sofia. Non è particolarmente fortunata la formazione di Brema, sia nel sorteggio,

che la inserisce in un girone di ferro, sia nell'esito dello stesso, dopo la doppia vittoria col Levski e quella per 1-0 a Brema sul Chelsea, vanificata però dal 2-0 subito a Londra.
L'avventura in Coppa Uefa, tuttavia, sembra poter compensare le delusioni. Fino alle semifinali il cammino dei biancoverdi è trionfale. Poi, ecco una nuova beffa nel doppio confronto con l'Espanyol. Decide il pesante 3-0 che il Werder subisce all'andata, a Barcellona. Al ritorno, a Brema, il Werder tenta la rimonta impossibile. A vanificarla è proprio Klose, però, che si fa cacciare per doppia ammonizione dopo venti minuti quando il Werder è in vantaggio per 1-0. Anche i cannonieri freddi e implacabili hanno giornatacce in cui cedono alla tensione. E così, ancora una volta (era già accaduto con il Kaiserslautern nella semifinale persa col Deportivo Alaves, sempre in Coppa Uefa), una formazione spagnola impedisce a Miro di conquistare la finale di una coppa europea.
Dopo le grandi illusioni della prima parte della stagione, quindi, la terza annata di Miro a Brema si chiude amaramente. Dalle sconfitte, dalle delusioni si può sempre ripartire. Spesso, anzi, si riparte ancora più forti. Delle volte, però, sono il segnale che un ciclo si sta chiudendo. E che forse è meglio voltare pagina, anche in maniera drastica. Sono questi i pensieri di Klose al termine della stagione 2006-07. All'inizio pensa che lui e il Werder, nell'annata successiva, si rifaranno con gli interessi delle delusioni appena vissute. Poi, però, si affaccia all'orizzonte la prospettiva di una nuova avventura. E non in un club qualsiasi, ma in quello più glorioso dell'intera Germania.

Bayern, l'apoteosi

Il Bayern, in Germania, non è solo il club calcistico più glorioso e più importante. È la storia stessa del calcio tedesco. Di più. In molti periodi, è stato il calcio tedesco. Punto e basta. Alzi la mano chi non conosce il mitico Bayern che, a metà degli anni Settanta, fu capace di vincere per tre volte di seguito la Coppa dei Campioni. Una squadra piena zeppa di campioni, dal capitano Franz Beckenbauer al cannoniere Gerd Müller, senza dimenticare i vari Hoeness, Breitner, Maier. Tra le grandi, da sempre, del calcio europeo, in patria il Bayern è un'autentica istituzione, dall'alto dei suoi ventitré titoli di Bundesliga conquistati. Vincere il campionato è per la società bavarese una sorta di consuetudine. In quell'estate del 2007 il club pianifica invece un ritorno da protagonista sulla scena europea. Dopo i fasti degli anni Settanta, infatti, aveva dovuto attendere parecchi anni prima di tornare a primeggiare in Europa. Era accaduto a cavallo del 2000 con le due finali di Champions disputate nel '99 col Manchester United e nel 2001 col Valencia. Un'autentica beffa la prima, persa nei minuti di recupero dopo essere stati in vantaggio per quasi tutta la gara; un trionfo che compensa la beffa, la seconda, vinta ai calci di rigore.

A Monaco di Baviera c'è dunque voglia di tornare protagonisti nella regina delle competizioni europee. Ai vertici della società c'è un certo Franz Beckenbauer, direttore amministrativo è un altro monumento del club: Karl Heinz Rumenigge. La storia, insomma, si respira a pieni polmoni nelle cosiddette stanze dei bottoni. Ma quella storia la si vuole far rivivere al più presto. E così si decide di fare una campagna acquisti con i fiocchi per diminuire il gap con i club inglesi, italiani e spagnoli che in quegli anni dominano la scena continentale. Niente spese folli, per carità. Non è nello stile delle società tedesche. Però, una piccola deroga alla politica economica sempre molto oculata c'è, in quell'estate del 2007. A consentirla è l'effetto di Germania 2006. La disponibilità di un nuovo stadio, l'Allianz Arena (costruito proprio per i Mondiali dell'anno prima) ha portato parecchi benefici alle casse del club bavarese. Così è possibile investire.

Il Bayern lo fa andando a prendere il meglio che c'è in giro. Il più forte attaccante italiano, il miglior fantasista francese e il numero uno tedesco. Arrivano così Luca Toni, fresco campione del mondo con gli azzurri, proprio sul suolo tedesco; Frank Ribery, il prodotto più interessante del calcio francese; e Miro Klose, che ormai da anni è il più forte attaccante tedesco. Un italiano, un francese e un tedesco: sembra una barzelletta, ma non lo è affatto. Soprattutto per gli avversari che dovranno affrontarli.

L'acquisto di Klose viene ufficialmente annunciato il 26 giugno del 2007. La trattativa è stata veloce sia con il giocatore, che firma un contratto di quattro anni, sia con il

Werder Brema che, per cedere il cartellino del giocatore, incassa la ragguardevole somma di 15 milioni di euro. Operazione veloce che accontenta tutti. Il Bayern si assicura il giocatore che voleva più di ogni altro. Il Werder prende una cifra considerevole che gli consente di rientrare dei molti investimenti fatti negli anni precedenti. Ed è contento, anzi contentissimo, pure Miro. Per tremila motivi. Innanzitutto perché il Bayern è un punto d'arrivo, è il sogno che ogni calciatore tedesco ha nel cassetto: indossare quella maglia, giocare per quella squadra significa essere arrivati al top del calcio nazionale e internazionale. Ma significa soprattutto (ed è questo che rende Klose euforico) poter vincere tutto: campionato, coppe, tutto. E Miro, che si avvicina ormai ai 30 anni, sa che – senza trofei – la carriera di un calciatore, per quanto bravo, non può essere valutata positivamente. La sola Coppa di Lega vinta col Werder non basta, servono altri successi, ben più importanti: il Bayern può regalarglieli. Felici del trasferimento a Monaco di Baviera sono anche la moglie Silwia e i piccoli Luan e Noah. Si torna nel sud della Germania, in Baviera, non troppo lontano da quella Renania-Palatinato da cui la famiglia Klose aveva dovuto traslocare tre anni prima.
L'avventura più importante della sua carriera di calciatore può dunque avere inizio. E comincia subito in maniera trionfale. Dopo poche settimane di Bayern, Klose può già sollevare al cielo il primo trofeo. È, ancora, la Coppa di Lega. Dopo il successo di dodici mesi prima col Werder, Miro fa il bis col Bayern. E il successo porta la sua firma, perché è sua la rete con cui in finale i bavaresi superano lo Schalke per 1-0 il 28 luglio del 2007.

Da un trionfo a un altro. È esaltante anche il debutto in Bundesliga con la maglia biancorossa. Klose realizza una doppietta nel 3-0 con cui il Bayern supera l'Hansa Rostock. L'altro gol è di Toni, su assist dello stesso Klose. Nasce, quel giorno, una fantastica coppia-gol, l'italiano e il tedesco. Sono complementari, si cercano e si trovano a occhi chiusi, sembra che giochino insieme da una vita. La squadra, che è comunque una super-squadra, lavora per loro e si affida unicamente a loro. I compagni sanno che, con quei due là davanti, il gol prima o poi arriva sempre. A innescarli ci pensa soprattutto Ribery, il fantasista del gruppo, l'uomo in grado di ribaltare in qualsiasi momento l'azione. Poi, a conservare i risultati, ci sono un super centrocampo e una super difesa. I nomi? Il portiere Kahn, Lucio, Lahm e Demichelis in difesa; Van Bommel, Altintop e Schweinsteiger a centrocampo. Tanto per citarne alcuni.

L'allenatore è Ottmar Hitzdeld. Ottmar fa rima con Otto (Rehhagel). Come l'allenatore di Klose ai tempi del Kaiserslautern, anche Hitzfeld è una specie di istituzione del calcio tedesco. Dopo aver vinto un paio di titoli in Svizzera col Grasshoppers, è tornato ad allenare in Germania, dove ha vinto prima due scudetti col Borussia Dortmund, quindi altri quattro con il Bayern. La società bavarese lo richiama alla vigilia della stagione 2007-08 per affidargli quella squadra piena di campioni. La sua esperienza e la sua concretezza sono considerate le qualità ideali per far funzionare un gruppo di primedonne.

E la scelta si rivela indovinata. Al termine di quell'annata, infatti, il Bayern vincerà Bundesliga (quinto titolo col Bayern per Hitzfeld) e Coppa di Germania, che si vanno ad aggiungere alla Coppa di Lega di inizio stagione: in

pratica, quell'anno i bavaresi vincono tutto quello che c'è da vincere in Germania. In Europa, invece, la corsa si fermerà alle semifinali di Coppa Uefa.
Per Klose è un'annata che definire trionfale è poco. Vince il suo primo titolo tedesco e lo fa da grande protagonista. Gioca sempre (a parte le ultime quattro giornate per via di un infortunio), segna e fa segnare. I gol personali alla fine saranno un po' meno del solito (10) ma Miro, con gli assist e con il movimento, contribuirà in maniera determinate alle 24 marcature di Luca Toni, che si aggiudica il titolo di capocannoniere della Bundesliga. Si toglie pure parecchie soddisfazioni a livello individuale, Miro, come la fantastica tripletta che mette a segno nel match con l'Energie Cottbus.
Gioca sempre e segna parecchio pure nelle coppe. Realizza cinque gol in quella di Germania e altri cinque in Coppa Uefa. Nella Coppa nazionale, pesantissima è la sua marcatura nella semifinale con il Wolfsburg, rete che consente ai bavaresi di arrivare alla finale di Berlino, dove s'impongono per 2-1 sul Borussia Dortmund. Non finisce altrettanto bene, invece, l'avventura in Uefa. Come già gli era accaduto una volta con il Kaiserslautern e un'altra col Werder Brema, la corsa europea si ferma in semifinale. Stavolta non per colpa di una formazione spagnola (come era successo nelle due precedenti occasioni), ma per mano dei russi dello Zenit San Pietroburgo. Che, dopo l'1-1 di Monaco di Baviera, al ritorno strapazzano i biancorossi (finisce 4-0). È una piccola delusione all'interno di una stagione coi fiocchi. Miro può finalmente guardarsi allo specchio e vedere un calciatore vincente. Bundesliga e Coppa di Germania in una sola stagione, il sogno si è

avverato. Manca solo la Champions, ma con un Bayern così forte si può continuare a sognare.
E in effetti l'anno successivo, stagione 2008-09, la società bavarese sembra volersi unicamente concentrare su quell'obiettivo, la Champions appunto. L'inizio in campionato ne risente: nelle prime otto giornate il Bayern gioca con il freno a mano tirato e sprofonda a metà classifica, poi, tra la nona e la ventesima giornata, si riprende attestandosi a ridosso della vetta. Alla fine chiuderà al secondo posto dietro la sorpresa Wolfsburg. Ma per tutta la stagione il Bayern non riesce mai, neppure per una giornata, a essere in vetta alla classifica. Contrariamente all'anno precedente, quando ci era stato ininterrottamente dalla prima all'ultima partita.
Ma quell'anno la priorità è un'altra, la priorità la Champions. Per vincerla, il club ha anche cambiato guida tecnica. Ha salutato (con tutti gli onori del caso) Ottmar Hitzfeld e al suo posto è arrivato Jürgen Klinsmann. Sì, l'ex ct della Germania, che dopo il terzo posto di Germania 2006 aveva preferito lasciare la guida della Nazionale, nonostante gli avessero chiesto di restare. Klinsmann si era preso un anno sabbatico, finito il quale, aveva deciso di rimettersi in pista accettando la proposta della società più blasonata del calcio tedesco. Una scelta, quella del Bayern, di respiro «internazionale» (Klinsmann è tedesco, ma vive ormai da anni negli Usa), per tornare protagonisti anche fuori dai confini.
Klose è felicissimo della nuova guida tecnica. Non che con Hitzfeld il rapporto fosse brutto. Tutt'altro. Come in carriera gi è successo con tutti gli allenatori che ha avuto (Van Gaal a parte), anche con Hitzfeld il feeling è scattato subito e non è mai venuto meno. Ma con Klinsmann le

cose andranno ancora meglio. Il rapporto con l'ex giocatore di Stoccarda e Inter si è cementato in Nazionale, prima e durante Germania 2006. Un'avventura vissuta fianco a fianco, fantastica anche se dal finale amaro. Lui e Klinsmann si capiscono a occhi chiusi. Affinità caratteriali (anche se l'ex ct è più estroverso rispetto a Miro), ma soprattutto stessa base tecnica. Come Klose, Klinsmann da giocatore è stato un grande attaccante: fin troppo facile capirsi al volo in ogni circostanza.

Discorso che ovviamente vale anche per il gemello del gol di Miro, Luca Toni. Che con Klinsmann può parlare in italiano, visto che l'ex ct ha giocato nel nostro Paese. In effetti, a ben guardare, in quella stagione 2008-09, comincia a esserci parecchia Italia attorno a Miro. C'è un allenatore tedesco sì, ma che in Italia ha giocato e ha vinto un Campionato del mondo. C'è un partner in attacco italiano, Toni appunto. E c'è, in quell'annata, anche un altro italiano nel Bayern: il laterale Massimo Oddo, che arriva in prestito dal Milan.

Con i due azzurri campioni del mondo, Klose si intrattiene parecchio. Forse è in quel momento che nasce quella voglia di tentare un'avventura in Italia che si concretizzerà due anni più tardi col passaggio alla Lazio. Intanto, sia Toni sia Oddo gli raccontano parecchie cose dell'Italia e del calcio italiano. Importano nello spogliatoio bavarese anche qualche rito nostrano. Come quello del manichino. Negli spogliatoi delle squadre italiane è una tradizione: appendere a una porta i vestiti del giocatore meno elegante della giornata. I compagni del Bayern, all'inizio, restano esterrefatti. Poi ci prendono gusto e il giochetto diventa un appuntamento fisso. E lo stesso Klose spesso ne è vittima.

Il clima all'interno del gruppo è ottimo anche e soprattutto grazie a Klinsmann, che come tutti i tecnici giovani riesce a creare un grande feeling con i giocatori. Ma qualcosa si spezza nel finale di stagione. Accade dopo l'eliminazione nei quarti di finale di Champions League per mano del grande Barcellona, che poi vincerà la finale di Roma contro il Manchester United. Fin lì, la corsa europea dei bavaresi era stata perfetta. Trionfale il cammino nel girone eliminatorio: Bayern primo e imbattuto nel raggruppamento con Lione, Fiorentina e Steaua. E trionfale anche il rendimento di Klose, che realizza due doppiette (la prima alla Steaua, la seconda al Lione) e segna un altro gol alla Fiorentina.
La marcia europea continua inarrestabile anche agli ottavi di finale, dove i bavaresi umiliano il povero Sporting Lisbona, sconfitto a domicilio per 5-0 e poi di nuovo a Monaco per 7-1. Klose segna altri due gol (uno a Lisbona e uno a Monaco) che lo proiettano in testa alla classifica marcatori della Champions. Non potrà vincerla (ma chiuderà comunque al secondo posto dietro Messi), perché al turno successivo il Bayern sarà fatto fuori proprio dal Barcellona. La qualificazione dei catalani va in archivio già alla gara di andata che il Barcellona stravince per 4-0 (1-1 il ritorno). Klose salta per infortunio entrambe le sfide e la sua assenza si sente.
Poche settimane dopo Klinsmann lascia la panchina. Il grande obiettivo stagionale è sfumato, la vetta del campionato è lontana, in Coppa di Germania il Bayern è fuori, così l'ex ct preferisce farsi da parte. Arriva, per il finale di stagione, Jupp Heynckes, un altro tecnico-santone del calcio tedesco. Da giocatore è stato uno dei protagonisti della grande epopea del Borussia Moenchengladbach

negli anni Settanta. Da allenatore è stato un giramondo. È già stato al Bayern, nei primi anni Novanta, vincendo pure due scudetti. Poi molto estero, soprattutto Spagna, dove è riuscito nell'impresa di portare il Real Madrid a rivincere una Coppa dei Campioni trent'anni dopo l'ultimo successo. Il Bayern lo richiama come traghettatore. E lui compie la sua missione, riuscendo a chiudere la Bundesliga al secondo posto. Senza Klose, però. Che si è fatto male e salta praticamente tutta la parte finale del campionato (si rivede solo nelle ultimissime partite, ma in panchina). Così, anche in questo suo secondo campionato al Bayern, Miro chiude con uno *score* leggermente inferiore alle sue abitudini: 10 gol. Ma, come l'anno precedente, aiuta Toni a vincere la classifica cannonieri del campionato.

Qualcosa si spezza

La Champions è diventata un chiodo fisso, una sorta di maledetta ossessione per la gente del Bayern. A Monaco vogliono a tutti i costi vincerla, i vertici societari farebbero carte false pur di mettere di nuovo le mani sulla famosa «Coppa con le orecchie» che, a metà degli anni Settanta, era stata di casa in Baviera per tre anni di seguito e che aveva poi fatto nuovamente capolino nel 2001. Il club più titolato di Germania la reclama, quella Coppa. E così, in vista della stagione 2009-10, per la terza estate consecutiva, la società bavarese vara una campagna di rafforzamento fatta di molti colpi a sensazione. Per non lasciare nulla al caso, si cerca di prendere il meglio che c'è in giro. La prima rivoluzione riguarda la guida tecnica. L'allenatore cambia ancora. Una scelta inevitabile, visto che con Klinsmann, su cui si era puntato un anno prima, il rapporto si è chiuso prima ancora che finisse la stagione precedente. E a determinare la separazione è stata proprio l'avventura in Champions, finita ai quarti di finale. Al posto di Klinsmann, era arrivato come traghettatore Jupp

Heynckes, ottimo professionista (e infatti il club lo chiamerà di nuovo un paio d'anni dopo), ma per il definitivo assalto alla Champions serve un tecnico dal profilo più alto. Un maestro del settore, un personaggio carismatico e di spessore internazionale. La scelta cade sull'allenatore olandese Louis Van Gaal. Un nome, una garanzia.
Van Gaal non è uno di quei tecnici che si limita ad allenare. Lui pretende di insegnare calcio. È la prerogativa dei grandi allenatori, dei maestri appunto. E lui lo è sicuramente. Negli anni Novanta ha condotto un Ajax di ragazzini a vincere la Coppa dei Campioni, al termine di una cavalcata in cui i risultati positivi sono andati di pari passo con il bel gioco. Poi ha esportato con discreto successo questo modello anche a Barcellona.
La proposta del Bayern è stimolante e allettante al tempo stesso. Gli consente di mettersi alla prova in un contesto nuovo, quello tedesco, e in un club di grandissime tradizioni. La situazione ideale per chi abbia voglia di fare calcio ai massimi livelli. La società gli mette a disposizione tutto, a cominciare da strutture avveniristiche. Soprattutto gli regala un parco giocatori che ha pochi eguali in Europa.
In un gruppo in cui già abbondano gli elementi di qualità, vengono aggiunti altri campioni. Soprattutto nel reparto avanzato. Arrivano l'esterno offensivo olandese Robben, l'attaccante croato Olic, il centrocampista ucraino Tymoshchuk. Ma il colpo più importante è l'acquisto di Mario Gomez. Tedesco di origini spagnole, Gomez è l'astro nascente del calcio tedesco in fatto di attaccanti. Il Bayern deve sborsare qualcosa come 30 milioni di euro per strapparlo allo Stoccarda.

Il suo arrivo, insieme a quelli di Robben e Olic, rimescola le gerarchie del reparto avanzato dei biancorossi, all'improvviso affollatissimo. Proprio per questo Podolski viene ceduto (al Colonia). Toni e Klose, invece, restano, ma non saranno più la coppia-gol indiscutibile e inamovibile del Bayern. L'età, per entrambi, comincia ad avere il suo peso. Soprattutto con un tipo come Van Gaal che chiede, anzi pretende, un gioco esasperatamente veloce. Ne farà le spese in particolare l'attaccante italiano che, peraltro, in quella stagione 2009-10 sarà anche frenato da una serie di malanni fisici. Ma pure Klose non se la passerà bene. Da star assoluta della squadra diventerà uno del gruppo. Importante, ma non più importante di altri.
Nella parte iniziale della stagione, comunque, Van Gaal gli dà massima fiducia. Nel girone di andata lo schiera quasi sempre titolare e, quando non lo fa, è perché deve effettuare un minimo di *turn over*, visto che la squadra è impegnata su tre fronti e le alternative di livello non mancano. Non c'è nessuna preclusione iniziale, quindi, nei confronti di Klose. Eppure il rapporto tra i due stenta a decollare. Van Gaal chiede a Klose di fare un tipo di gioco che poco si addice al ragazzo di Opole. E questo crea una prima frattura tra i due. Il problema, poi, è che Van Gaal è uno di quei tecnici massimalisti poco inclini a pragmatici compromessi e con cui è difficile avere un dialogo.
Così, verso metà stagione, Klose perde il posto da titolare. Dopo Toni, «fatto fuori» quasi subito, è il turno di Miro. Più che di una stroncatura, si tratta di una normale retrocessione nelle gerarchie del tecnico. Una scelta favorita anche dalle precarie condizioni fisiche del futuro attaccante della Lazio. Che deve combattere con una serie di

acciacchi subdoli e fastidiosi. Fatto sta che, appunto da metà stagione, Van Gaal preferisce puntare su attaccanti più giovani: Gomez, innanzitutto. E poi Olic e Robben. E anche quel Thomas Müller, arrivato l'anno prima dal settore giovanile, che si sta rivelando una delle promesse più interessanti dell'intero movimento calcistico tedesco. Klose finisce così in panchina poco prima della pausa di metà campionato. Anche perché, nonostante l'impegno non manchi mai, lo spietato cecchino comincia ad avere le polveri bagnate. Il primo gol in Bundesliga arriverà solo alla diciottesima giornata. E alla fine della stagione le reti in campionato saranno soltanto tre. In quella diciottesima giornata, che oppone il Bayern all'Hoffenheim, segna da panchinaro il suo primo gol personale. Van Gaal lo mette tra le riserve, facendolo entrare solo nei venti minuti finali. Sufficienti a fargli timbrare il secondo dei due gol con cui i bavaresi superano gli avversari. Il gol non fa tornare sui suoi passi Van Gaal. Le nuove gerarchie non si toccano: i titolari sono ormai Gomez, Olic e Müller. Klose parte dalla panchina, ma nei minuti finali delle gare viene sempre mandato in campo. Un utilizzo «alla Altafini», l'avremmo definito noi in Italia, il campione italo-brasiliano che, a cavallo tra gli anni Sessanta e Settanta, dopo aver speso gran parte della sua carriera nel Milan fece anche le fortune della Juventus, partendo sempre dalla panchina perché ormai non più in grado di giocare una partita intera.
Ma Klose non si sente così. Non ha ancora compiuto 32 anni, ha un'età che non è ancora quella della pensione calcistica. Sente di poter dare molto di più rispetto a quel poco che gli concede Van Gaal. Sa d'altro canto che, a prescindere dalle scelte dell'allenatore, il rovescio della

medaglia del far parte di un grande club è proprio il rischio di ritrovarsi in panchina.
È una situazione che uno con la sua storia e la sua dimensione fatica ad accettare. Soprattutto per i risvolti che può avere nel suo rapporto con la Nazionale: al termine di quella stagione si giocano i Mondiali in Sudafrica. Dopo l'amarezza di Germania 2006, Miro ci tiene a vivere da protagonista un'altra avventura in Coppa del Mondo. La stima nei suoi confronti del ct Löw (che ha preso il posto di Klinsmann dopo il 2006) è incondizionata. Ma – giocando poco nel suo club – c'è il rischio che pure la presenza in Nazionale venga messa in discussione. E a insidiarlo nelle gerarchie della selezione tedesca è quel Mario Gomez che gli ha chiuso gli spazi nel Bayern.
Questa problematica si acuirà ancor di più nella stagione successiva e porterà Miro ad abbandonare il Bayern alla scadenza del contratto nell'estate del 2011, nonostante qualche mese prima Van Gaal sia stato rimosso dall'incarico. Nell'annata 2009-10, invece, sia pur a mezzo servizio, Klose continua ad essere protagonista nel Bayern. Giocherà alla fine 25 partite (su 34) di Bundesliga, anche se le presenze da titolare saranno più o meno la metà: 11. I gol saranno appena 3, davvero pochini per uno come lui abituato da sempre a chiudere i campionati in doppia cifra.
A fine anno, Klose può comunque festeggiare il suo secondo titolo di Bundesliga. Il Bayern di Van Gaal si laurea campione di Germania grazie ad un'inesorabile rimonta compiuta a partire dalla tredicesima giornata. All'inizio la squadra fatica a digerire i dettami del nuovo allenatore. Poi, una volta assimilati, la formazione bavarese si mette in moto e per poco non vince tutto ciò che c'è da vincere.

Della Bundesliga (primo posto davanti a Schalke e Werder Brema) si è detto, ma quell'anno il super-Bayern si aggiudica pure la Coppa di Germania e va vicinissima a quella Champions League che resta il sogno proibito dei bavaresi. Fatale, per la squadra di Van Gaal, è la finale di Madrid con l'Inter di Mourinho. I nerazzurri s'impongono per 2-0 grazie alla doppietta di Milito e così sono loro a centrare il *triplete* (scudetto, coppa nazionale e Champions), mentre per i bavaresi sfuma il sogno di portare a casa la quinta Coppa dei Campioni della loro storia.

Per Miro è la prima finale di una coppa europea. Finisce male, come già era finita male la finale di Coppa del Mondo giocata con la Germania nel 2002. Con l'ulteriore beffa che, mentre la prima l'aveva vissuta da prim'attore, questa la vive da semi-protagonista. Van Gaal lo porta in panchina, dove peraltro deve sistemarsi pure Gomez. Il tecnico in attacco punta infatti su Olic e Müller. Klose entrerà in campo al 63', quando l'Inter è già in vantaggio per 1-0. Né il suo ingresso, né quello successivo di Gomez, basterà a cambiare l'inerzia della gara. E così, addio sogni di gloria.

Finale amarissima, ma bilancio comunque positivo. La cavalcata del Bayern è stata inarrestabile fino all'atto conclusivo: dopo essere passata nel girone eliminatorio grazie alla larga vittoria ottenuta a Torino per 4-1 sulla Juve (Bordeaux e Maccabi Haifa le altre squadre presenti nel raggruppamento), supera la Fiorentina agli ottavi, il Manchester United ai quarti (vendicandosi della finale persa nel '99) e il Lione in semifinale. Klose gioca quasi sempre, ma parte titolare solo nei primi tre match del girone eliminatorio. Poi impiego «alla Altafini». Dopo i sette gol europei dell'anno prima, in questa edizione di Champions ne realizza uno solo. Che peraltro scatena polemiche a non finire. È la rete con cui, a un minuto dalla fine, Miro regala al Bayern la vittoria per 2-1 sulla Fiorentina nella gara di andata degli ottavi. Rete che risulterà poi decisiva ai fini della qualificazione, visto nella gara di ritorno a Firenze i padroni di casa vinceranno per 3-2 (passa il Bayern grazie al maggior numero di gol segnati in trasferta). Rete decisiva ma irregolare. È in netto fuorigioco, Klose, quando segna, ma l'arbitro norvegese Ovrebo non se ne accorge e convalida. I tifosi della Fiorentina non perdoneranno mai Miro per questo episodio, di cui tuttavia il colpevole non è certo lui, ma l'arbitro: difficile che un giocatore in campo si possa accorgere di essere in fuorigioco.

Una sola rete in Champions, quell'anno, e soltanto una in più nella Coppa nazionale. Due reti che Klose realizza nella stessa partita, l'ottavo di finale vinto dal Bayern sull'Eintracht Francoforte per 4-0. Klose gioca poi titolare la semifinale con lo Schalke (1-0), mentre nella finale di Berlino con il Werder Brema resta in panchina fino all'80'. Van Gaal gli concede i dieci minuti finali e così anche lui prende parte al rotondo 4-0 con cui i bavaresi strapazzano il Werder e si aggiudicano la Coppa di Germania.

Una stagione con luci e ombre, per Miro. Le ombre sono quelle presenze in campo che diventano meno frequenti e le tante panchine che, soprattutto nella seconda parte di stagione, deve sopportare. Le luci sono i trofei. Ne mette altri due in bacheca: un'altra Bundesliga e un'altra Coppa di Germania. E, qualche mese dopo, ce ne sarà un altro ancora: la Supercoppa di Germania. La Federcalcio tedesca ha deciso di abolire la Coppa di Lega che, a inizio stagione, prima del via della Bundesliga, metteva di fronte le prime sei formazioni del campionato precedente. Viene

sostituita con la Supercoppa, che – come in tutti gli altri Paesi europei – viene assegnata in una sfida secca tra la vincitrice del campionato e la vincitrice della Coppa nazionale. Il Bayern avrebbe dovuto sfidare se stesso visto che aveva appena vinto sia la Bundesliga sia la Coppa. In una situazione del genere il regolamento prevede che la squadra campione affronti la formazione seconda classificata in campionato. In questo caso lo Schalke. Che nel match che si gioca il 7 agosto 2010 viene battuto dal Bayern per 2-0. Miro gioca e segna il gol del 2-0, quello che chiude definitivamente i giochi, dopo la rete iniziale di Müller. E così i trofei vinti in carriera per Klose diventano sette: due campionati, due Coppe di Germania, due Coppe di Lega e una Supercoppa.
Sarà questa una delle poche gioie per Klose in quell'annata 2010-11. Sia perché il Bayern non vincerà nient'altro, sia perché lui giocherà sempre di meno, anche a causa di un paio di infortuni che lo metteranno fuori causa per parecchie settimane. Pochi, anzi pochissimi, pure i gol. Ne segna uno solo in campionato, uno anche in Champions e appena un po' di più (tre) in Coppa di Germania.
Il gol realizzato in Bundesliga e quello in Champions non sono però affatto banali, se non altro per i nomi delle squadre cui li segna. Quello di campionato arriva alla ventesima giornata. E lo realizza al Weserstadion di Brema contro la squadra di cui era stato il re per tre stagioni, e contro la quale non aveva mai infierito nelle precedenti partite giocate da avversario. Finisce 3-1 per il Bayern: Miro segna l'ultimo gol a pochi minuti dalla chiusura del match dopo essere entrato in campo a venti dalla fine.
Stesso copione anche per l'unica rete realizzata in Champions. Anche in questo caso Klose parte dalla panchina,

entra in campo nella ripresa e la mette dentro a pochi minuti dal termine. È il gol del definitivo 2-0 nel match che il Bayern vince all'Allianz Arena contro la Roma... Una rete densa di significati, quindi, anche se quando la segna (è il 15 settembre del 2010) Miro non sa ancora che affronterà e segnerà ancora alla Roma in ben altro contesto: il derby della capitale.
L'avventura in Champions del Bayern si ferma ancora una volta per colpa dell'Inter. Solo che stavolta il fatale incrocio con i nerazzurri avviene agli ottavi anziché in finale. E pensare che il Bayern aveva vinto la gara di andata a San Siro per 1-0, perdendo poi in casa per 3-2. Così, ancora una volta, addio Champions. Klose resta in panchina in entrambe le sfide con la squadra nerazzurra, l'unica presenza da titolare in quell'edizione di Champions è con il Basilea nel girone eliminatorio.
Pure in campionato le presenze dal primo minuto non sono molto frequenti. A fine anno le partite giocate da titolare saranno nove, e venti in tutto quelle in cui viene impiegato. Il Bayern veleggia sempre nei quartieri alti della classifica, ma chiude al secondo posto. Il titolo va al Borussia Dortmund di Jürgen Klopp, che vincerà pure l'anno successivo.
Sulla panchina dei bavaresi siede negli ultimi due mesi della stagione Andreas Joncker. Sì, Van Gaal non c'è più. È stato sollevato dall'incarico dopo l'eliminazione in Champions e dopo che in Bundesliga si è capito che la rimonta sul Dortmund non è possibile. Il mago olandese, più che per i risultati negativi, paga per le fratture che si sono create nel suo rapporto sia con la dirigenza sia con la squadra. Tipico degli allenatori massimalisti come lui.

Non appena i risultati non arrivano i problemi di ambiente vengono a galla.
L'allontanamento di Van Gaal (Joncker è una soluzione-ponte, l'anno successivo tornerà Heynckes) sembra essere un assist a Klose per fargli prolungare il contratto col Bayern, che è in scadenza. Il campione ci pensa. Ma ormai ha già fatto la sua scelta di vita e non intende più cambiarla. La sua avventura calcistica continuerà altrove. È giunto il momento di salutare la Bundesliga e vivere una nuova esperienza all'estero. L'Italia lo aspetta a braccia aperte.

Lazio, una nuova vita

Il 9 giugno del 2011 Miro Klose compie 33 anni. È un compleanno speciale per lui, molto speciale. Perché segna l'inizio di una nuova vita. Professionale, innanzitutto. Ma non solo. Quel giorno Miro è a Roma insieme con la moglie Sylvia. I coniugi Klose però, non si trovano nella città eterna per trascorrere una piccola vacanza, per festeggiare il compleanno di Miro in una delle città più belle del mondo. No, sono a Roma perché l'attaccante della Nazionale tedesca si accinge a firmare il contratto che darà una svolta clamorosa alla sua carriera di calciatore. Klose, il cui accordo con il Bayern è in scadenza, si accinge infatti ad accettare la proposta che gli ha fatto pervenire la Lazio.

In realtà l'ha già accettata, si tratta solo di mettere la firma a un'intesa che lo legherà per i successivi tre anni al club più antico della capitale italiana. Miro e Sylvia sono emozionati e felici. Desideravano vivere un'esperienza all'estero e tra le varie proposte arrivate a Miro da Paesi stranieri, quella della Lazio era la più convincente. Sia per gli aspetti calcistici sia per quelli extra-calcistici. I coniugi Klose si sarebbero potuti sistemare in riva al Bosforo, a Istanbul: il Galatasaray, uno dei tre club della metropoli turca, era pronto a fargli sottoscrivere un contratto faraonico. Ma Miro e Sylvia avrebbero potuto anche trasferirsi a Valencia, sul Mar Mediterraneo, a due passi dalle isole Baleari, in una delle località più belle della Spagna. E invece al fascino dell'unica città al mondo che abbraccia due continenti (Istanbul, appunto) e alla bellezza di un posto (Valencia) in cui si mischiano in maniera unica passato (con il barocco del centro storico) e futuro (con le avveniristiche strutture realizzate da Calatrava), Miro e Sylvia hanno preferito l'atmosfera inconfondibile ed eterna di Roma. Capitale mondiale anche del Cristianesimo. E per dei cattolici ferventi come loro questo non è certo un particolare secondario.

La conoscevano già, Roma, ma nel momento in cui ci sono tornati per valutare «sul posto» la fattibilità di quel trasferimento se ne sono perdutamente e definitivamente innamorati. Il clima, i monumenti, la gente, la cucina: tutto era perfetto nella capitale italiana. E così non hanno avuto alcun dubbio a preferirla a Istanbul e Valencia. L'opzione turca e quella spagnola, peraltro, erano state le ultime a insidiare la soluzione Lazio. Ma non le uniche. Un altro club italiano, il Milan, aveva avvicinato Miro negli ultimi mesi della sua esperienza a Monaco di Baviera. In Germania era stato invece lo Schalke 04 a fargli una corte spietata. E, sia pur in extremis, lo stesso Bayern aveva provato a convincerlo a restare oltre la scadenza del contratto.

Ipotesi, però, scartate quasi a priori da Miro, per motivi prettamente calcistici. Arrivato alla soglia dei 33 anni e

ormai avviato alla parte finale della carriera, Klose vuole innanzitutto una squadra che gli garantisca di giocare sempre da titolare. Pur sapendo che, in qualsiasi club, il posto assicurato non ce l'ha nessuno, in certe squadre, come il Bayern o come lo stesso Milan, le rose sono talmente ricche di elementi (tutti di ottimo livello) che giocare diventa un problema. Lo ha scoperto sulla sua pelle, Miro, nelle ultime due annate al Bayern. Al di là dei problemi con Van Gaal (che peraltro hanno avuto anche Toni prima e lo stesso Gomez dopo), Klose ha giocato meno di quanto avrebbe desiderato, proprio perché le soluzioni a disposizione dell'allenatore erano molteplici. Miro non vuole vivere una nuova situazione di questo genere. Perché nella sua carriera è sempre stato abituato a essere una prima scelta e ancor di più perché si è messo in testa due traguardi da raggiungere nell'arco dei successivi tre anni. Entrambi chiamano in causa quella Nazionale che è sempre stata al centro delle sue scelte e delle sue ambizioni. Il primo traguardo da tagliare è abbastanza vicino: nell'estate del 2012 si disputa il campionato europeo in Polonia e Ucraina. Klose lo vuole vivere da protagonista sia per cancellare le delusioni vissute con la Germania dal 2006 in avanti (i due terzi posti al Mondiale tedesco e poi a quello sudafricano; il secondo posto a Euro 2008) sia perché l'edizione del Campionato europeo dell'estate successiva si disputa in quella Polonia in cui è nato e nella quale vuole ora tornare da re della Germania calcistica. Una sorta di chiusura del cerchio, insomma. Per la sua vita, per la sua storia.
Ma c'è anche un traguardo a più lunga scadenza, il Mondiale del 2014 in Brasile. Per lui sarebbe il quarto, un primato (quello di disputare quattro diverse edizioni della

fase finale di Coppa del Mondo) che pochissimi giocatori possono vantare. E la partecipazione a Brasile 2014 gli darebbe anche la possibilità di entrare nella leggenda dei cannonieri di tutti i tempi. Con 14 reti è il secondo miglior marcatore di tutta la storia delle fase finali dei Mondiali. Il primo è il brasiliano Ronaldo, con 15 marcature, una sola rete in più. Con paio di gol potrebbe scavalcarlo, ma per riuscirci deve parteciparci, al Mondiale.
Sì, sarebbe davvero straordinario poter centrare tutti questi obiettivi, ma Miro sa che – vista l'età e la concorrenza – non sarà facile conservare il posto in Nazionale, per quanto con il ct Löw ci sia un rapporto straordinario. Non sarà facile e sarà quasi impossibile se continuerà a giocare poco nella sua squadra di club. Per questo, per quanto lusingato dalle offerte, dice no al Milan e dice no al rinnovo col Bayern. E dice no pure allo Schalke, dove invece avrebbe sicuramente avuto spazi maggiori. Ma in questo caso entrano in gioco altre considerazioni. Dopo dieci anni di Bundesliga considera chiuso il suo ciclo nel campionato tedesco. Vuole vivere un'esperienza all'estero, vuole misurarsi con un calcio diverso.
Ecco perché alla fine la scelta si restringe su Galatasaray, Valencia e Lazio. Turchi e spagnoli fanno sul serio, ma il club romano ha un'arma in più: il direttore sportivo Igli Tare. Lo conosce da più di dieci anni, Miro. Sono stati compagni di squadra nel Kaiserslutern per due stagioni, dal 1999 al 2001. L'uno, Klose, era appena arrivato nel prestigioso club biancorosso dai semi-professionisti dell'Homburg. L'altro, Tare, nello stesso anno, era stato acquistato dal Fortuna Dusseldorf, con cui si era fatto conoscere e apprezzare dalla Germania calcistica. All'inizio, Miro è nella squadra riserve, i due neanche si conoscono,

poi, quando Klose viene promosso in prima squadra, Miro e Igli cominciano a frequentarsi e nasce un'amicizia che durerà nel tempo.

Nella stagione successiva Tare lascerà il Kaiserslautern per trasferirsi in Italia, al Brescia. Ma con Miro resterà in contatto, anche perché sarà sempre stretto il legame tra Tare e la Germania (la moglie del ds laziale è tedesca). Così, quando anni dopo Tare scopre che il suo ex compagno di squadra del Kaiserslautern è in scadenza di contratto e non intende restare al Bayern, non esita un attimo a contattarlo per provare a convincerlo a trasferirsi alla Lazio. Sarà un'opera lunga e difficile quella di Tare. Ma vincente. Perché, alla fine, il ds riesce a persuadere Miro che quella della Lazio sia per lui la scelta migliore. I due si incontrano, si vedono, si sentono spesso al telefono in quelle settimane (siamo nella tarda primavera del 2011). Tare spiega nel dettaglio a Klose il progetto che insieme al presidente Lotito ha in animo di realizzare alla Lazio. È un progetto che a Miro piace e che ritiene possa adattarsi bene alle sue esigenze. Ma non è ancora convinto al cento per cento. Così Tare lo invita a Formello, dove ha sede il centro sportivo della Lazio. Siamo già a fine maggio, sia il campionato tedesco sia quello italiano sono ormai finiti e tanto Klose quanto la Lazio devono prendere una decisione. Miro arriva in gran segreto a Roma, di questo viaggio-lampo si saprà soltanto mesi dopo. Visita il centro sportivo di Formello, ne resta quasi estasiato. Tare gliene aveva parlato per telefono, così lui si era fatto un'idea positiva della «casa» della Lazio. Che sarebbe presto potuta diventare anche «casa» sua. Ma non pensava potesse essere davvero tanto bella e funzionale. In seguito, nel corso di interviste concesse ai media tedeschi,

Klose avrà modo di raccontare ai suoi connazionali cosa significhi per un giocatore potersi allenare in un posto del genere: è l'ideale – dirà – per qualsiasi calciatore.
La visita a Formello serve, oltre che per prendere visione del centro sportivo, anche per conoscere il presidente del club Claudio Lotito e l'allenatore Edy Reja. Klose resta favorevolmente impressionato anche da questi due confronti. La lingua impedisce un contatto diretto, ma c'è Tare a fare da interprete. Con Lotito l'attaccante della Nazionale tedesca parla di filosofia gestionale di un club ed anche di politica sportiva. Non è più un ragazzino ed è molto attento anche a tutto ciò che ruota attorno al pallone, non solo a quello che succede in campo. Per questo gli interessa parlare pure di questi argomenti. E ovviamente trova la persona giusta in Lotito, sempre incline a intrattenersi a lungo con i suoi interlocutori.
Poi c'è il dialogo con Reja. I due si annusano, si conoscono, cominciano ad apprezzarsi. L'estrazione mitteleuropea di Reja (goriziano con sangue sloveno nelle vene), in fondo, è molto vicina a quella tedesco-polacca di Klose. Miro capisce che con questo allenatore di cui non aveva mai sentito parlare, ma verso cui prova subito grande simpatia, andrà d'accordo. Vuole tuttavia conoscere nel dettaglio il tipo di calcio che pratica e quello che intende attuare se lui accetterà la proposta del club e diventerà un giocatore della Lazio. Si parla di moduli, di schemi offensivi, di strategie tattiche. Alla fine Klose si convince che, anche a livello tecnico, quella di trasferirsi a Roma, alla Lazio, è la scelta migliore. Ne parla anche con Sylvia che – di suo – era già favorevole a intraprendere questa nuova esperienza.

Ormai il dado è tratto. Si va in Italia, a Roma. Dalla villa alla periferia di Monaco di Baviera dove i Klose hanno messo su casa (e dove quasi certamente torneranno a vivere quando Miro chiuderà col calcio giocato) alla villa dell'Olgiata, una delle zone residenziali più esclusive della capitale. Un complesso residenziale fatto di abitazioni da sogno. Lì, i Klose andranno a vivere in una dimora unica, nel verde del quartiere che sorge a nord della capitale, a cinque minuti d'auto dal centro sportivo di Formello. Una villa che è quasi una reggia. Ampio giardino, piscina, campi da tennis e da calcetto. Decisamente un bel posto in cui vivere. Lo pensano Miro e Sylvia, lo pensano anche i loro gioielli: i due gemelli Luan e Noah. Anche i due bimbi sono felicissimi. Certo, non è mai facile – a quell'età – cambiare posti e abitudini. Ma quando arrivano a Roma capiscono immediatamente che si troveranno bene. E poi frequenteranno le scuole tedesche al Goethe Institute sulla via Aurelia Antica. Il legame con la Germania, insomma, non sarà rescisso.

Gol e fair play

Ad Auronzo di Cadore quasi stentano a credere ai loro occhi. I tecnici, innanzitutto, ma anche massaggiatori e fisioterapisti, dirigenti e compagni di squadra. È arrivato davvero un fenomeno, pensano tutti. Auronzo di Cadore è la splendida località delle Dolomiti bellunesi che da anni ospita il ritiro precampionato della Lazio. È in questo luogo incantevole e incantato che avviene il primo contatto tra Miro Klose e il suo nuovo club. Un mese dopo quel 9 giugno in cui ha firmato il contratto che lo lega alla squadra romana fino al 2014, Klose indossa già la tuta biancoceleste della sua nuova compagine.

Sin dai primi allenamenti mostra una classe e un temperamento che alla Lazio non si vedeva da tempo. I dirigenti di più lungo corso non hanno dubbi: finalmente si rivede un campione che non avrebbe sfigurato, anzi si sarebbe trovato perfettamente a suo agio, nel fantastico gruppo che sul finire degli anni Novanta fece della Lazio una delle squadre più forti d'Europa. Negli ultimi anni, di certi giocatori si era persa traccia. Li si vedeva solo in televisione, nelle

altre squadre. Ora un campione di livello internazionale è di nuovo lì tra loro, in carne e ossa. Sembra incredibile e invece è tutto vero.
Klose conquista subito tutti con la sua grandezza e con la sua umiltà. Non ha atteggiamenti da divo, tutt'altro. È un professionista esemplare e, sin dal primo giorno di ritiro, fa di tutto per essere considerato uno qualsiasi del gruppo, senza pretendere trattamenti di favore. Un atteggiamento che lo fa subito apprezzare dai compagni di squadra. Con cui entra immediatamente in sintonia, nonostante abbia un carattere schivo e nonostante ancora non parli l'italiano. S'informa sulla storia della società, si fa spiegare come è andata l'ultima stagione, per quale motivo la Lazio ha fallito la qualificazione in Champions League che a un certo punto sembrava a portata di mano.
Con i tifosi, poi, è amore a prima vista. Ad Auronzo, come sempre, ce ne sono parecchi, arrivati direttamente da Roma. È lì che Klose tocca con mano cosa significhi il calcio in Italia. Quale partecipazione ci sia. Non che in Germania non ci sia altrettanto trasporto verso il pallone, ma quello di cui sono capaci i tifosi delle squadre italiane non ha eguali al mondo. E questo è solo l'antipasto per Miro. Nei mesi a seguire sarà protagonista di situazioni che – se gliele raccontassero – non ci crederebbe. Come quando, dopo il gol decisivo nel suo primo derby, il postino (tifoso laziale, ovviamente) invece di consegnargli le lettere, gli si inginocchia davanti e gli bacia il piede con cui ha punito la Roma. I tifosi italiani, del resto, sono così. Quando capiscono di avere a che fare con un campione non esitano un attimo a fargli pervenire tutto l'affetto di cui sono capaci. E che Klose sia un fior di campione non c'è alcun dubbio. I laziali lo sanno prima ancora che inizi la sua avventura biancoceleste.

Per lui parla la sua storia, la sua carriera fatta di centinaia di gol realizzati a tutte le latitudini.
Anche alla Lazio non si smentirà. E sin dalle prime partite comincia a bucare le difese avversarie con regolarità impressionante. Il primo gol in biancoceleste arriva già alla prima gara ufficiale giocata con la nuova squadra. È il 18 agosto del 2011. A Roma fa ovviamente molto caldo, ma ciò non impedisce a migliaia di tifosi di accorrere all'Olimpico per il preliminare di Europa League con la formazione macedone del Rabotnicki. Finisce in goleada (6-0), per la gioia dei fan laziali. Contro i malcapitati macedoni, Miro sembra quasi avere pudore a metterla dentro. Troppo facile, sembra pensare. Ma alla fine non può esimersi dal segnare anche lui. Lo fa però soltanto alla fine, segnando in chiusura il gol del 6-0.
Tutta un'altra musica, invece, il 9 settembre successivo, giorno del debutto nel campionato italiano. Qui l'avversario è vero, anzi verissimo. È quel Milan che – a livello internazionale – è la squadra italiana più titolata. E si gioca in quello stadio di San Siro che è una delle cattedrali calcistiche europee. No, qui non si può aspettare il 90° per segnare, bisogna farlo alla prima occasione. Che arriva dopo 12 minuti. Il cross di Mauri è invitante, ma c'è da superare Nesta, ex gloria laziale, uno dei difensori più forti d'Italia e d'Europa. Miro lo scherza con un sombrero (fa passare la palla sopra la testa dell'avversario), quindi trafigge il portiere milanista Abbiati. Ed esulta con la capriola. Erano anni che non la faceva più, i medici gliel'avevano sconsigliata, perché metteva a rischio le sue articolazioni. Ma si era ripromesso che il primo gol in serie A lo avrebbe festeggiato così, come era solito fare a inizio carriera, per via di quella promessa fatta agli amici di Kusel.

Una deroga che Klose non si concederà più. Per la gioia delle sue articolazioni, visto che poi di gol nella Lazio ne farà tantissimi. Saranno 13 in campionato alla fine della prima annata, altri 3 in Europa League. Numeri che non centrava da parecchio tempo, addirittura dagli anni di Brema, visto che al Bayern in campionato non aveva mai realizzato più di dieci gol.

Segna e gioca bene, Miro, perché alla Lazio si sente rinato. Ogni giorno che passa si convince sempre di più di aver fatto la scelta migliore per la sua carriera, per la sua famiglia, per la sua vita. Di Roma, della Lazio gli piace tutto. È talmente coinvolto nella nuova avventura che non esita un attimo a esporsi in prima persona quando, a metà settembre, il tecnico Reja è sul punto di dimettersi. Accade dopo la seconda partita di campionato. Dopo il 2-2 di San Siro col Milan, la Lazio cade in casa nel match col Genoa (1-2). Il giorno dopo Reja viene insultato in strada da qualche tifoso. È un episodio isolato, ma l'allenatore non lo tollera e manifesta l'intenzione di mollare tutto e andarsene. Gli fanno cambiare idea i senatori dello spogliatoio. A loro si unisce pure Klose, tra la sorpresa generale. Tutti pensavano che per un campione come lui, peraltro arrivato da neppure due mesi, fosse tutto sommato indifferente chi fosse l'allenatore. E invece Klose capisce che un episodio così traumatico avrebbe avuto conseguenze nefaste per la squadra. E poi, con quell'allenatore maturo ma dallo spirito giovane si trova bene. Gli dispiacerebbe molto se andasse via. «Dai, mister, resta con noi, abbiamo bisogno di te», gli dice in un italiano ancora stentato. E Reja resta. Successivamente, il tecnico racconterà l'episodio definendolo uno degli attestati di stima più belli mai ricevuti. Perché arrivato da un grande campione che conosceva solo da pochissimo tempo.

Oltre che con le parole, Klose si spende con i fatti in favore del suo allenatore. Tre giorni dopo le dimissioni (poi ritirate) del tecnico, segna a Cesena il gol del 2-1 con cui regala alla Lazio la prima vittoria in campionato e salva la panchina di Reja. Poi è ancora decisivo a Firenze, dove realizza la rete del sorpasso sui viola (finisce 2-1) a pochi minuti dal termine, confermandosi così l'incubo della Fiorentina (punita già ai tempi del Bayern, in Champions).
Ma l'apice Miro lo tocca il 16 ottobre. Quel giorno all'Olimpico si gioca il derby, la madre di tutte le partite. La Lazio ha perso le ultime cinque sfide con i cugini giallorossi e la sua ultima vittoria è vecchia di due anni e mezzo. Le premesse sono tutt'altro che incoraggianti, insomma. E la partita comincia subito male per i biancocelesti che vanno sotto per via del gol di Osvaldo pochi minuti dopo l'inizio. Il vento della gara cambia a inizio ripresa. La Lazio pareggia su rigore con Hernanes e si ritrova pure con un uomo in più per l'espulsione di Kjaer. È la situazione ideale per vincerlo, finalmente, il derby. Ci prova in tutti i modi, Cissé colpisce un clamoroso palo, ma la Roma resiste. Sembra finita. Sembra. Perché a 30 secondi dal fischio di chiusura sulla scena irrompe Klose. Il tedesco arpiona un assist di Matuzalem e di piatto destro fulmina il portiere romanista Stekelenburg.
Miro esulta come non gli capitava da tempo, ma solo nei giorni seguenti capirà fino in fondo cosa significhi per la Roma laziale quello che ha fatto. Per il popolo biancoceleste diventa un'icona, una specie di santo. Segnare in un derby è già qualcosa di straordinario. Realizzare la rete decisiva a pochi secondi dal gong è una cosa unica. Da quel momento in poi la stagione di Klose sarà tutta in discesa. E, visto quello che ha fatto, non può essere altrimenti. Arrivano

altri gol, arrivano anche le doppiette. La prima in assoluto la realizza a Lecce il 10 dicembre: consente alla Lazio di vincere al Via del mare per 3-2. La seconda doppietta si materializza invece al Bentegodi di Verona e permette alla squadra di Reja di passeggiare sul Chievo (3-0).
In campionato le cose procedono a gonfie vele, un po' meno in Europa League, dove la corsa dei biancocelesti si ferma ai sedicesimi di finale con l'Atletico Madrid (gli spagnoli vinceranno poi la manifestazione). Si decide tutto nella gara di andata all'Olimpico. Klose illude la Lazio portandola in vantaggio sulla prima palla utile, ma l'Atletico rimonta e vince per 3-1. E poi, a Madrid, s'impone per 1-0. A parte l'epilogo, però, il comportamento in Coppa è comunque confortante: erano molti anni che la Lazio non andava oltre la fase a gironi in una competizione europea.
L'obiettivo principale resta il campionato, dove tutto va a meraviglia fino a marzo. L'ultimo acuto arriva nel derby del 4 marzo. La Lazio vince ancora, 2-1 come all'andata. Klose non segna, ma è ancora decisivo. Perché dopo dieci minuti si procura il rigore che cambia la partita: il portiere Stekelenburg viene espulso per il fallo sul tedesco e Hernanes porta in vantaggio la Lazio dal dischetto. Ci penserà poi Mauri a chiudere la partita dopo il momentaneo pareggio di Borini.
Ma, dopo aver vinto anche il secondo derby, è come se la squadra mollasse. E così, per il secondo anno consecutivo, sfuma la qualificazione in Champions League. Miro assiste impotente al declino della Lazio. Perché a fine marzo si procura uno stiramento che lo costringerà a finire anzitempo il campionato. Rientrerà solo in occasione della penultima partita, con l'Atalanta a Bergamo, quando ormai la situazione è compromessa.

Sia pur con un finale amaro, si chiude comunque con un bilancio estremamente positivo la sua prima annata italiana. Miro la sua scommessa l'ha vinta. È tornato protagonista assoluto dopo le ultime due stagioni in chiaroscuro vissute a Monaco di Baviera. E ha dimostrato di poter essere ancora Klose, cioè un giocatore straordinario, anche in un campionato diverso da quello tedesco. La Lazio gli ha consentito di allungare la carriera, di vivere una seconda giovinezza, come si dice in questi casi.
Sensazioni e considerazioni confermate dalla sua seconda stagione in biancoceleste. Anzi, amplificate. Perché dopo un anno di Italia Klose è sempre più coinvolto nella realtà laziale. Un esempio? A dieci giorni dal derby di andata, in programma il 7 novembre del 2012, si fa ammonire sul finire della gara col Torino. Essendo in diffida, viene squalificato per il successivo match col Catania, che precede quello con la Roma. Cosa c'è di strano? Di strano c'è che, se quella ammonizione non fosse arrivata col Torino, a Catania Klose avrebbe giocato col rischio di perdere il derby in caso di ammonizione. Il «provvidenziale» giallo col Torino gli consente di saltare per squalifica la partita di Catania e salvare il derby. Nessuno saprà mai se l'ha fatto apposta, ma il sospetto è lecito...
Fatto sta che poi il derby Miro lo gioca e ancora una volta lo decide. La Lazio vince di rimonta per 3-2. Passa in vantaggio la Roma con Lamela, pareggia Candreva e Klose timbra il gol del sorpasso, quello del 2-1. Mauri porterà il punteggio sul 3-1, poi nel finale l'inutile gol di Pjainic. La prodezza nel derby non è l'unica. Klose segna a raffica in ogni occasione. Fa una doppietta al Palermo (la prima all'Olimpico), un'altra a Pescara. Risolve con un gol d'autore la sfida con l'Inter. È sempre più l'immagine della

Lazio. Che è più o meno la stessa dell'anno precedente, ma con una fondamentale variazione. In panchina non c'è più Reja, che a fine stagione ha deciso di chiudere la sua esperienza alla Lazio, che durava da due anni e mezzo. Al suo posto è arrivato un tecnico croato-bosniaco che vive da oltre venti anni in Svizzera: Vladimir Petković. Per Klose è una piacevole sorpresa. Umana e tecnica. Con lui dialoga in tedesco, visto che il nuovo allenatore parla benissimo la sua lingua. Ma i due parlano lo stesso linguaggio anche a livello tecnico.

La Lazio vola grazie al nuovo tecnico e al suo cannoniere tedesco dai nervi d'acciaio. Gli avversari hanno timore di Miro, ma anche una grandissima stima. Per le sue doti tecniche e pure per le sue qualità umane. Che un episodio più di altri mette in luce. A Napoli, il 26 settembre del 2012, c'è l'attesissima sfida tra la squadra di casa e la Lazio. La squadra biancoceleste parte forte e va in vantaggio: gol di Klose. Con un piccolo particolare, però: la rete viene realizzata con un tocco di mano. È un gesto istintivo di cui l'arbitro e i suoi collaboratori non si accorgono, tanto che convalidano la marcatura. Ma Klose, campione di onestà, non se la sente di approfittare della svista e confessa al direttore di gara il suo peccato. E peccato se poi la gara finirà male, anzi malissimo per la Lazio (3-0). Klose la sua partita la vince. Grazie a un gesto di *fair play* che gli frutta gli applausi dello stadio napoletano e di tutto il mondo del calcio. E, in seguito, numerosi riconoscimenti, compreso quello del presidente della Fifa Blatter. Un gesto che rende omaggio, ammesso ce ne sia bisogno, alla sua immensa classe che non è fatta solo di colpi tecnici a sensazione, ma anche di integrità morale.

Parte quinta
La consacrazione

Un amore

Ci sono grandi giocatori che diventano tali grazie soprattutto alle imprese che realizzano con il loro club. Succede soprattutto a coloro che legano l'intera vita calcistica a una sola squadra, di cui diventano la bandiera e l'emblema. Per cui le vittorie dell'una, la squadra, coincidono in tutto e per tutto con quelle dell'altro, il giocatore. Questa tipologia di campione a volte fa fatica a replicare le sue grandi gesta in Nazionale. Dove, evidentemente, soffre il dover dividere il proscenio con altri grandi fuoriclasse. C'è poi un'altra tipologia di campione. Che si rivela tale soprattutto per le imprese che realizza con la Nazionale. Succede a quei giocatori che hanno speso gran parte della carriera in club di provincia oppure a quelli che ne hanno cambiati tanti senza mai trovare quello giusto. In Italia abbiamo un esempio eclatante di questa seconda tipologia di fuoriclasse: Roberto Baggio. È stato uno dei più grandi calciatori italiani di sempre, ha indossato le maglie dei tre club più gloriosi della serie A, Juve, Milan e Inter. Eppure

tutti lo ricordano quasi esclusivamente per quello che ha fatto con la maglia azzurra della Nazionale.
La storia di Miro Klose è molto simile a quella di Robi Baggio. Nell'immaginario collettivo internazionale, l'attaccante tedesco è conosciuto soprattutto per quello che ha fatto con la maglia bianca della Germania. Certo, ha giocato in club importanti. Ha anche vinto parecchio, con questi club. Ma quello di grande che ha fatto nella sua carriera lo ha realizzato soprattutto grazie alla Nazionale. C'è alla base di questa alchimia vincente tra Miro e la Germania un qualcosa che esula da fattori calcistici. Lui, profugo polacco, anche se di sangue tedesco, è come se senta più forte di altri il legale con la patria adottiva. È come se, attraverso le imprese con la Nazionale, riesca a realizzare in maniera ancora più compiuta la sua integrazione con la nuova patria.
Una storia d'amore, quella tra Klose e la rappresentativa del Paese che lo ha adottato, che nasce con un colpo di fulmine e che prosegue ininterrotta per oltre dieci anni, senza mai neppure una crisi passeggera. Il colpo di fulmine, in realtà, è quello che ha nei suoi confronti Rudi Völler nella primavera del 2001. L'ex attaccante della Roma, nonché campione del mondo con la Germania nel 1990, è da circa un anno il commissario tecnico della Nazionale tedesca. È un allenatore giovane e, come tutti i tecnici nella fase ascendente della carriera, non ha paura di fare scelte coraggiose. Anzi, quasi le va a cercare.
Da grande attaccante qual è stato, capisce al volo se un centravanti ha stoffa oppure no. E si accorge subito che quel Miro Klose, che è appena diventato titolare nel Kaiserslautern, di talento ne ha da vendere. Ma Klose è al suo primo anno di Bundesliga (l'anno prima aveva giocato

solo un paio di partite). Un ct «normale», per quanto tentato dall'idea di chiamarlo subito, avrebbe sicuramente aspettato ancora un po'. Quanto meno che questo ragazzo promettente completasse il suo primo anno da titolare in campionato.
Völler, no. Le scelte canoniche non fanno per lui. Ritiene che Klose possa fare al caso della sua Nazionale e lo chiama subito, infischiandosene di certe convenzioni. La prima convocazione arriva così già nel marzo del 2001, in occasione del doppio impegno che la Germania deve avere con Albania e Grecia. È anche una mossa strategica quella di Völler. Klose, che ha la doppia cittadinanza (tedesca e polacca) potrebbe essere chiamato pure dalla Polonia. Che in effetti lo contatta. Miro rifiuta, spiegando che preferisce giocare per la rappresentativa del Paese in cui vive da quando era bambino (anche perché, calcisticamente, le prospettive che gli garantisce la Germania sono migliori rispetto a quelle della Polonia). Una scelta fatta al buio, peraltro, perché Klose non ha, in quel momento, alcuna garanzia di poter essere un giorno convocato dalla selezione tedesca. È una decisione che esula da fattori contingenti: Klose non sarebbe tornato sui suoi passi. Ma nel calcio le cose possono cambiare rapidamente, pensano Völler e i dirigenti della Federcalcio tedesca. Meglio non correre rischi, meglio chiamarlo subito, questo ragazzo del Kaiserslautern.
E mai scelta si rivelò più azzeccata. Alla prima convocazione, Klose non solo debutta in Nazionale, ma risulta decisivo nelle due vittorie che la Germania coglie con Albania e Grecia. Vittorie senza le quali la qualificazione al Mondiale nippo-coreano dell'anno successivo si sarebbe fatta estremamente complicata. Nel primo match,

che si gioca a Leverkusen il 24 marzo del 2001, i tedeschi affrontano l'Albania. Nei pronostici dovrebbe trattarsi di una passeggiata. Che invece, a un quarto d'ora dalla fine, stanno pareggiando per 1-1. Ma Völler ha il suo asso nella manica. È Klose, per l'appunto. Lo fa entrare in campo al 72'. Per farlo esordire, certo, ma soprattutto perché ha bisogno di lui per agguantare tre punti imprescindibili. E Klose non lo tradisce. A tre minuti dalla fine mette dentro di testa il pallone servitogli da Rehmer. La Germania vince per 2-1. Klose debutta in Nazionale e segna il gol-partita. Succede solo ai predestinati. Dall'altra parte c'è Igli Tare, fino a qualche settimana prima suo compagno di squadra al Kaiserslautern e da poco passato al Brescia. A distanza di anni, Igli ancora «rimprovera» l'amico Miro per quel gol.

La magia continua quattro giorni dopo. Ad Atene è in programma il match tra Grecia e Germania, altra sfida nella quale i tedeschi devono a tutti i costi cercare i tre punti. A metà ripresa il punteggio è sul 2-2. Völler vuole vincere e ci riprova: cala ancora la carta Klose. E Miro, per la seconda volta in quattro giorni, gli toglie le castagne dal fuoco. È sua la zampata con cui la Germania si porta sul 3-2 al 82'; i tedeschi poi segneranno ancora per il definitivo 4-2.

In Germania scoppia la Klose-mania. Sono tutti pazzi delle gesta di Miro. Quella Nazionale che nella sua storia ha potuto vantare fior di attaccanti, da Uwe Seeler a Fritz Walter, da Gerd Müller a Kalle Rumenigge, da Horst Hrubesch a Oliver Bierhoff, ha forse trovato il degno erede di tanti campioni. Da quel momento Klose non uscirà mai più dal giro della Nazionale. Salterà solo alcune partite per infortunio, ma nessuno dei ct che si alterneranno in panchina (dopo Völler ci sarà Klinsmann, quindi Löw) rinuncerà mai a lui.

All'inizio Miro è ovviamente un rincalzo. Normale, visto che ci sono elementi come Bierhoff, Jancker e Neuville a comporre il reparto avanzato. Soprattutto il primo, l'ex milanista, cui è legato l'ultimo grande successo colto dalla Germania: il Campionato europeo vinto in Inghilterra nel 1996, grazie proprio ai due gol di Bierhoff nella finale contro la Repubblica Ceca. Ma Klose non ha fretta, sa che l'importante è starci, in Nazionale. Anche da panchinaro le occasioni di giocare (e segnare) non mancheranno, come già accaduto in occasione della sua prima convocazione.

L'impiego *part-time* di Klose dura solo un anno. A partire dalla prima amichevole del 2002, infatti, diventa titolare anche in Nazionale. La prima volta in occasione dell'amichevole che la Germania gioca contro Israele, il 13 febbraio. Si gioca al Fritz Walter Stadion di Kaiserslautern. Per Klose è l'esordio da titolare e per di più si gioca nel suo stadio, quello di Kaiserslautern. Non può che essere la partita della vita. E così sarà: realizza una tripletta che serve tra l'altro a raddrizzare una partita nata male. All'intervallo, infatti, Israele è in vantaggio per 1-0. Ci pensa Klose, con due gol nei minuti iniziali della ripresa, a ribaltare il risultato. Poi Miro segnerà ancora. Alla fine sarà goleada: 7-1 per la Germania. Klose esce a un quarto d'ora dal termine per la meritatissima *standing ovation* del Fritz Walter Stadion.

Il 2002 è l'anno dei Mondiali in Giappone e Corea del Sud. Il solo pensiero di poterli disputare, quei Mondiali, fa venire a Miro la pelle d'oca. È motivatissimo, l'attaccante del Kaiserslautern. Raddoppia e triplica le sue energie

ogni volta che indossa la maglia della Nazionale, perché ora che il vento è finalmente cambiato vuole assecondarlo fino in fondo. Quattro anni prima, nel 1998, i Mondiali francesi se li è visti in tv e mai avrebbe immaginato che quattro anni dopo avrebbe invece avuto la chance di giocarli, i Mondiali. Ora che questa possibilità si è miracolosamente concretizzata non ha alcuna intenzione di lasciarsela sfuggire. Gioca a mille in Bundesliga e si fa trovare pronto ogni volta che Völler lo chiama in Nazionale. Accade in ognuna delle amichevoli che precedono la rassegna nippo-coreana. Gioca sempre, Miro, e nell'ultimo test prima della partenza per l'Estremo Oriente mette a segno un'altra tripletta. Stavolta la vittima è l'Austria, che a Leverkusen viene superata dai tedeschi per 6-2: prima, seconda e quarta marcatura portano la firma di Klose.
Per Miro e per la Germania è la maniera migliore per approcciarsi al Mondiale. Al quale, peraltro, i tedeschi arrivano senza essere annoverati nel ristretto lotto dei grandi favoriti. Si sono qualificati per il rotto della cuffia grazie alla vittoria nello spareggio con l'Ucraina. Non sembrano in grado di poter fare molta strada. Ma gli addetti ai lavori non hanno fatto i conti con lo straordinario momento di forma che vivono i due astri nascenti del calcio tedesco: Michael Ballack e Miro Klose. I due (e i loro compagni, ovviamente) mettono subito le cose in chiaro al primo match. L'avversario è abbordabile, d'accordo. Ma loro ci passano sopra senza pietà, così la povera Arabia Saudita viene seppellita di gol: finisce 8-0 per la Germania. E la parte del leone, manco a dirlo, la fa Klose che mette a segno una nuova tripletta, la terza in pochi mesi.
Tre gol nella gara d'esordio al Mondiale è un'impresa che in pochi possono vantare nella storia del calcio. Klose

non sta nella pelle. È tutto così bello da non sembrare vero. In pochi mesi è cambiato davvero tutto attorno a lui: è diventato titolare della Nazionale tedesca, ha potuto coronare il sogno di giocare un Mondiale e adesso quel Mondiale lo sta addirittura vivendo da grande protagonista. Miro non sa ancora, in quel momento, che quella fantastica avventura arriverà fino in fondo, anche se poi, all'atto conclusivo, gli riserverà una delusione. Nel frattempo lui e la Germania procedono la loro corsa senza intoppi. Si accontentano di un pareggio (può bastare) nel secondo match che li oppone all'Irlanda. Finisce 1-1 e la rete tedesca è segnata ancora da un certo Klose. Miro va in gol anche nella terza partita di quel Mondiale: segna il primo dei due gol con cui la Germania supera per 2-0 il Camerun.
Cinque gol nelle prime tre partite del Mondiale non sono male per un esordiente. La Germania calcistica è ai suoi piedi, il resto del mondo lo scopre e ne resta impressionato. Con un cannoniere così, freddo e spietato, questa Germania può andare lontano, pensano un po' tutti. E infatti la corsa tedesca non conosce ostacoli, anche grazie a un calendario che riserva alla Germania avversari non irresistibili. Agli ottavi c'è il Paraguay, ai quarti gli Stati Uniti e in semifinale la Corea del Sud. La Germania li batte tutti con lo stesso punteggio: 1-0. Klose non segna più, ma gioca sempre titolare e dà un contributo determinante alle vittorie dei tedeschi.
La Germania è in finale. Ci torna dodici anni dopo la Coppa del Mondo vinta a Roma sull'Argentina nel 1990. Per i tedeschi, comunque vada, è già un grandissimo successo. Nessuno, prima dell'inizio dei Mondiali, li aveva pronosticati così in alto. Certo, adesso che ci si è arrivati,

sarebbe bello vincerla, quella finale, anche se di fronte c'è il favoritissimo Brasile di Ronaldo e Ronaldinho.
E a Yokohama, sede dell'atto finale del primo Mondiale giocato in Asia, finisce secondo pronostico. Alla Germania, che fin lì aveva sorpreso tutti, non riesce l'ultimo miracolo. Troppo forte la Seleçao, inarrestabile «il Fenomeno». È firmato proprio da lui, da Ronaldo, il 2-0 che regala al Brasile la quinta coppa del mondo della sua storia. Oltre a vincere quella coppa, Ronaldo si aggiudica pure la classifica cannonieri della rassegna nippo-coreana con otto gol. Ma, al secondo posto, c'è la rivelazione-Klose, con cinque marcature. Vice-campione del mondo e vice capocannoniere dei Mondiali: per Miro è comunque un successo straordinario. Da quel momento non sarà più un calciatore come tanti altri. Da quel momento sarà un campione. La consacrazione è avvenuta sui campi di calcio dell'Estremo Oriente. Giusto così. Per uno che per affermarsi ha dovuto compiere un percorso lunghissimo è normale che la definitiva affermazione si sia consumata così lontano.

Appuntamento con la storia

Ai grandi successi, alle grandi affermazioni fanno poi spesso seguito periodi meno esaltanti. Più normali. Non si può essere sempre al massimo, in ogni momento e in ogni situazione. È il calcio, è la vita. Ed è quanto accade alla storia tra Miro Klose e la Nazionale tedesca dopo quel fantastico e incredibile Mondiale del 2002. Sbucato dal nulla (lo conoscevano solo in Germania, all'estero il suo nome era pressoché ignorato), Klose diventa all'improvviso uno degli attaccanti più forti al mondo. È il simbolo della nuova Germania di Rudi Völler insieme al centrocampista Ballack.

Il difficile viene adesso. A certi livelli, anche altissimi, ci si può arrivare in maniera relativamente facile. La cosa più complicata è confermarsi. Restarci a lungo, per tanti anni. È quello che distingue i grandi campioni dagli ottimi giocatori. Questi ultimi di solito fanno una o due annate straordinarie per poi rientrare nei ranghi dell'ordinarietà. I primi, invece, sono sempre al top per tutta (o quasi) la carriera.

La scommessa di Klose, dopo quel Mondale da protagonista, è proprio questa: restare un numero uno. E, se possibile, migliorarsi ancora. Non sarà facile. Anzi, molti addetti ai lavori pronosticano per lui un repentino ritorno alla normalità. Del resto, la storia del calcio è piena di buoni giocatori capaci di grandi exploit in occasione di un Mondiale o di un Europeo che poi, nel prosieguo della loro carriera, non hanno saputo restare su quei livelli. In Italia abbiamo un esempio lampante in tal senso: Totò Schillaci. A Italia '90 fece impazzire tutto il Paese con i gol e con la simpatia. Il Mondiale finì male per gli azzurri (che si dovettero accontentare del terzo posto), ma in compenso eravamo sicuri di aver trovato un cannoniere in grado di garantirci tanti successi negli anni a venire. E invece Schillaci non fu poi capace di ripetersi su quegli standard, anche se visse comunque un'onorevole carriera. Ecco, Klose, che peraltro neanche conosce la parabola di Schillaci, vuole evitare che ciò succeda pure a lui. Ma, negli anni a seguire, e in particolare nel biennio 2003-04, sembra invece andare così. Da uomo del destino, da degno erede della stirpe di grandi attaccanti tedeschi, Miro pare inesorabilmente destinato a tornare a essere solo un discreto giocatore. Sicuramente utile per la Nazionale, ma non indispensabile. Incidono soprattutto due fattori su questa svolta negativa (comunque temporanea) nel rapporti tra Klose e la Nazionale. Innanzitutto una serie di piccoli-grandi infortuni che lo costringeranno a saltare alcune convocazioni. E poi il fatto di giocare per un club, il Kaiserslautern, che non è più tra i grandi della Bundesliga. Proprio dopo il 2002, infatti, la crisi finanziaria ridimensiona notevolmente il club della città della

Renania-Palatinato, che da quel momento, piuttosto che pensare al titolo, può puntare unicamente alla salvezza. Il ct Völler, comunque, non abbandona mai Klose. Lo chiama sempre, tranne quando è indisponibile per malanni fisici. Solo che, a parte le primissime partite successive al Mondiale del 2002, non lo schiera più titolare. Lo porta spesso in panchina, mandandolo peraltro in campo quasi sempre. Ma come centravanti titolare gli preferisce il «vecchio» Fredi Bobic, uno dei campioni d'Europa del 1996, che poi era uscito dal giro della Nazionale. Ha superato i 30 anni, Bobic, ma sta vivendo una seconda giovinezza con l'Hannover, così Völler lo convoca e gli dà pure una maglia da titolare. Senza però scaricare quel Klose che, l'anno prima, con i suoi gol e le sue prestazioni, lo aveva portato fino alla finale del Campionato del mondo.
I gol in Nazionale di Miro, però, diventano merce rara. Inevitabile, visto che gioca di meno, anzi a volte non gioca proprio. Nel corso del 2003 ne realizzerà uno solo, nel match con le Fær Øer, valido per le qualificazioni al Campionato europeo dell'anno successivo. Il 2004 sembra invece cominciare sotto altri auspici, Klose timbra già alla prima partita che disputa la Germania. È l'amichevole che i tedeschi giocano a Spalato contro la Croazia di Klasnic, quello stesso Klasnic che qualche mese dopo diventerà il suo gemello del gol nel Werder Brema. Finisce 2-1 per la Germania, Miro segna la prima rete.
Sembra un ritorno al passato (recente, peraltro) per Miro. Dopo gli alti e bassi del 2003, la sua storia con la Nazionale pare destinata a tornare quella – radiosa – che era stata nel 2002. Bobic, che di fatto gli aveva tolto il posto, continua ad essere convocato, ma non pare poterlo insidiare più di tanto. Piuttosto Klose deve guardarsi dall'ascesa

del più giovane Kevin Kurányi, un ragazzo poco più che ventenne nato in Brasile da padre tedesco, appena esploso in Bundesliga con la maglia dello Stoccarda. Ma con Kurányi Klose può tranquillamente giocare assieme, le caratteristiche dei due si conciliano bene, la coesistenza è possibile.
Il problema è un altro: gli infortuni. Klose, in quella primavera del 2004, ne deve fronteggiare più d'uno. Nessuno è particolarmente grave, ma è proprio questo l'inghippo. Generoso com'è, Miro cerca ogni volta di accelerare i tempi del recupero e alla fine paga questa fretta di rientrare. In estate si disputano in Portogallo i Campionati europei. È il secondo grande appuntamento che ha la possibilità di vivere da protagonista dopo il Mondiale di due anni prima. E Klose fa di tutto per arrivarci nel migliore dei modi. Ma, forse, fa troppo. Völler lo inserisce nella lista dei 22 giocatori che prenderanno parte alla competizione, ma si accorge che è ancora in condizioni precarie. Spera (è convinto che accadrà) di averlo al top per le partite decisive, quelle in programma dai quarti di finale in poi. E così decide di utilizzarlo con il contagocce nel girone eliminatorio. La Germania, però, tra l'incredulità generale, non riesce a superare la prima fase. È in un raggruppamento non impossibile (Olanda, Repubblica Ceca e Lettonia gli avversari), eppure finisce terza dietro olandesi e cechi. E così, l'avventura in Portogallo, in pratica, finisce prima ancora di iniziare.
Per Klose, una delusione tremenda. Perché oltre al pessimo risultato della Nazionale, c'è anche il bilancio personale decisamente negativo. In quell'Europeo gioca soltanto 34 minuti, distribuiti tra i match con Lettonia (23 minuti) e Repubblica Ceca (11 minuti). Nell'altra partita, che

la Germania gioca con l'Olanda, resta in panchina per tutta la gara. Utilizzato pochissimo (Völler gli preferisce Kurányi e Bobic) e ovviamente a secco di gol: il suo primo Europeo non è stato esattamente come il primo Mondiale...

Il fallimento di Euro 2004 non è senza conseguenze per la Germania. È inevitabile che sia così, perché è raro che i tedeschi escano di scena tanto velocemente, Mondiale o Europeo che sia. Il loro grande pregio è quello di arrivare quasi sempre fino in fondo: non sempre vincono ma è rarissimo che non arrivino tra le prime quattro. Quelle poche volte che accade (come a Euro 2004) è un fallimento. A farne le spese è Rudi Völler. Dopo l'inaspettato e straordinario secondo posto del Mondiale nippo-coreano, il commissario tecnico non è riuscito a ripetersi. Così è lui stesso a farsi da parte. Due anni più tardi è in programma il Campionato del mondo che la Germania giocherà in casa. È un appuntamento che tutto il Paese attende con ansia. Giusto arrivarci con un nuovo ct e non con uno reduce da una spedizione fallimentare.

Per guidare la Nazionale viene scelto un altro ex attaccante, Jürgen Klinsmann. Grande giocatore, campione del mondo nel 1990 e campione europeo nel 1996, dopo essersi ritirato si è trasferito negli Stati Uniti per intraprendere una carriera da manager sportivo. Ma il richiamo della Nazionale tedesca è troppo forte per resistervi. A luglio del 2004, un mese dopo l'Europeo, torna quindi in patria per firmare il contratto che lo lega alla Federcalcio tedesca. Sarà lui l'uomo che dovrà portare la Germania a vincere il Mondiale che si disputerà in casa due anni dopo. Una responsabilità enorme, che Klinsmann tuttavia accetta con l'entusiasmo che lo ha sempre contraddistinto.

Klose, reduce dalla delusione dell'Europeo, accoglie la notizia dell'arrivo di Klinsmann con un misto di speranza e diffidenza. Con Völler, nei mesi precedenti, non è che le cose siano andate benissimo. Però era pur sempre l'uomo che, contro tutto e contro tutti, lo aveva chiamato in Nazionale quando era ancora semi-sconosciuto e poi non aveva esitato a schierarlo titolare al Mondiale. Klinsmann lo conosce solo di fama, non sa come potrà essere il rapporto con lui, anche se il fatto che da giocatore sia stato un attaccante può sicuramente essere un vantaggio. La diffidenza iniziale lascia ben presto spazio alla fiducia. Tra i due, Klose e Klinsmann, si instaura da subito un discreto rapporto. Il nuovo ct convoca Miro già in occasione della sua seconda partita, l'amichevole che la Germania disputa contro il Brasile a Berlino. Finisce 1-1 e Klose parte dalla panchina, ma gioca quasi tutto il secondo tempo. Sarà titolare già nella successiva partita, l'amichevole che la Germania gioca (e vince per 2-0) a Teheran contro l'Iran.
Klinsmann lo tiene in grande considerazione, ma non lo fa giocare sempre. A differenza di quanto accadde con Völler dopo il Mondiale del 2002, però, in questo caso non c'è un cambio nelle gerarchie tra giocatori. Molto più semplicemente, Klinsmann preferisce alternare gli elementi a disposizione. È la sua filosofia e poi può permetterselo, visto che la Nazionale tedesca fino al Mondiale del 2006 affronterà soltanto partite amichevoli: in quanto Paese ospitante è infatti già qualificato per la fase finale della competizione. I quattro attaccanti su cui ha deciso di puntare sono, oltre a Klose, Kurányi, Asamoah e Podolski, quest'ultimo di origine polacca, proprio come Miro. Li fa ruotare nelle varie amichevoli che si susseguono nel corso

di quell'anno. Klose ne esce non benissimo, tanto che per l'intero 2005 non segna neppure un gol con la Germania. A frenarlo, però, sono ancora gli infortuni, che tra l'altro gli impediscono di prendere parte in estate alla Confederation Cup, quella sorta di «Mondialino» che si disputa un anno prima del Mondiale nella stessa nazione che poi ospiterà la Coppa del Mondo. Vi prendono parte le Nazionali vincitrici dei rispettivi campionati continentali disputati nell'anno precedente. Per la Germania (che partecipa come Paese ospitante) è una sorta di prova generale in vista dell'appuntamento con la storia dell'anno successivo. Quando capisce di non poterci giocare Miro è affranto. È come se gli crollasse il mondo addosso. Teme di aver pregiudicato le sue chance di prendere parte, dodici mesi dopo, a Germania 2006. Ma non sarà così. Klinsmann, infatti, lo torna a convocare già dopo l'estate e poi nei mesi successivi, man mano che si avvicina l'appuntamento col Mondiale, lo schiera sempre più spesso titolare. E quasi sempre in coppia con Podolski. Il ct non lo dice a nessuno, ma ormai la scelta l'ha fatta: saranno loro, i due «tedesco-polacchi», a comporre il tandem d'attacco della Germania al Mondiale.

Il tempo sembra fermarsi in quel giugno del 2006. Per l'intera Germania, non solo quella calcistica, inizia il Mondiale dei Mondiali. Quello che si gioca in casa, quello da vincere a tutti i costi. Non è la prima volta che i tedeschi ospitano un Mondiale. Era già accaduto 32 anni prima, nel 1974. Ma quello era stato il Mondiale organizzato dalla Germania Ovest, le Nazionali tedesche erano due, c'era anche quella dell'Est che peraltro riuscì a battere i cugini dell'Ovest prima che questi diventassero campioni del mondo superando in finale l'Olanda. Nel 2006, il mondo

è cambiato. La Germania è una sola ed è lo Stato leader d'Europa, economicamente e politicamente. L'organizzazione del Mondiale ha dunque significati che vanno ben oltre gli aspetti strettamente calcistici. Tutto dovrà andare alla perfezione. E i risultati della Nazionale sul campo – possibilmente – non dovranno fare eccezione. Al ct Klinsmann e ai suoi ragazzi tocca una grande responsabilità. È corretto chiamarli ragazzi, perché quella tedesca è una squadra composta prevalentemente da giovani. Miro Klose è una delle poche eccezioni. Non che sia vecchio, l'allora attaccante del Werder Brema. Ma ha appena compiuto 28 anni ed è dunque nel pieno della sua maturità calcistica. Anzi, 28 anni li compirà il giorno stesso dell'esordio, suo e della Nazionale, nella rassegna mondiale. Il 9 giugno del 2006, la Germania affronta la Costa Rica nella prima partita del girone eliminatorio. E Klose, come regalo di compleanno, si concede una bella doppietta che consente alla Germania di liquidare la pratica con un convincente 4-2.
Miro gioca in coppia con Podolski. Sarà così in ciascuna delle sette partite che la Germania affronterà in quel Mondiale. Quei due sembrano nati per giocare assieme. Si completano a vicenda e hanno un'intesa naturale che ovviamente deriva dalle origini comuni. Entrambi sono nati in Polonia e si sono trasferiti giovanissimi in Germania. Tra di loro parlano spesso in polacco, anche se entrambi si sentono pienamente tedeschi. E per la Germania giocheranno alla morte nel corso di quel Mondiale. Il calendario della rassegna tedesca, tra l'altro, si diverte a opporli proprio alla Polonia già nella seconda partita. Klose e Podolski la sentono particolarmente, troppo. Infatti nessuno dei due riesce a metterla dentro. Ci pensa

così la loro riserva Neuville (entrato al posto di Podolski nella ripresa) a segnare a tempo scaduto il gol dell'1-0 che regala alla Germania una preziosa vittoria. Ma la premiata ditta «Klose&Podolsk»i si rimette subito in marcia e vince da sola la partita successiva, che oppone la Germania all'Ecuador. Finisce 3-0 per i tedeschi. Klose mette a segno una doppietta, Podolski realizza l'altro gol e la rappresentativa tedesca accede senza problemi agli ottavi di finale. Comincia la fase a eliminazione diretta, si inizia a fare sul serio. La Germania ci arriva sulle ali dell'entusiasmo per gli ottimi risultati conseguiti nel girone (tre vittorie in tre gare: primo posto a punteggio pieno). La squadra di Klinsmann vince, diverte e, soprattutto, ha ritrovato il suo bomber dei Mondiali. Come quattro anni prima in Giappone e Corea, come sente aria di Mondiali, Klose si scatena. I quattro gol realizzati nelle prime tre partite di Germania 2006 sono lì a testimoniarlo. Con una squadra che non ha paura di attaccare e con un centravanti così è lecito sognare. Per la maggior parte degli addetti ai lavori la formazione tedesca diventa la grande favorita per la vittoria finale.

La marcia continua spedita agli ottavi di finale. L'avversario è la Svezia, che viene superata senza problemi per 2-0. Decide la doppietta di Podolski, ma anche Klose fa una doppietta: sono di Miro entrambi gli assist che consentono a «Podo» di segnare i due gol. L'intera Germania è su di giri e impazzisce per questi due attaccanti venuti dalla Polonia. Si comincia a sognare a occhi aperti e si contano i giorni che mancano alla finale di Berlino del 9 luglio. Ma le prime difficoltà sono dietro l'angolo per i padroni di casa.

Ai quarti di finale devono affrontare l'Argentina di Tévez, Riquelme e Crespo, una delle favorite per la vittoria. Le cose si mettono male per i tedeschi: il difensore Ayala porta in vantaggio i sudamericani all'inizio del secondo tempo. Per la prima volta in questo mondiale, la Germania è sotto e rischia di uscire. Ci provano in tutti i modi, i tedeschi, ma gli argentini resistono. Quando tutto sembra volgere al peggio, a salvare la patria ci pensa ancora una volta lui. Miro Klose. Quel cross di Borowski, suo compagno di squadra nel Werder, sembra troppo alto per poter essere trasformato in gol. Ma Miro ci arriva e la butta dentro: è 1-1, la Germania è salva. Si va ai supplementari, poi ai rigori. Dagli 11 metri i padroni di casa non sbagliano un colpo, gli argentini si fanno invece stregare dal portiere tedesco Lehmann. Pericolo scampato, passa la Germania: il titolo mondiale pare sempre più vicino.
E invece no. E invece tra la Nazionale tedesca e quella Coppa del Mondo che manca dal 1990, ancora una volta ci si mette di mezzo la sua bestia nera: l'Italia. Ogni volta che in una partita decisiva di un Mondiale ci hanno dovuto affrontare, i tedeschi hanno avuto la peggio. Fu così nella leggendaria semifinale di Messico 70, con quell'indimenticabile 4-3 con cui gli azzurri si imposero ai tempi supplementari. E fu così anche nel 1982 nella finale di Madrid che ci vide vincenti per 3-1.
Stavolta, però, sembrano esserci tutte le premesse perché il sortilegio si interrompa, perché la tradizione cambi. La Germania di Klinsmann pare di certo più attrezzata dell'Italia di Lippi. E soprattutto può contare sul fattore campo. Oltretutto, la semifinale è in programma in quel Westfalenstadion di Dortmund che, col pubblico che quasi tocca i giocatori, sembra fatto apposta per spegnere

qualsiasi velleità delle squadre ospiti. Certo, c'è quel precedente in amichevole di qualche mese prima che un po' preoccupa i tedeschi: un 4-1 in favore degli azzurri in un match disputato a Firenze nel febbraio dello stesso anno. Ma, appunto, era un'amichevole e poi si giocava in Italia. I tedeschi ci scherzano su, anche per esorcizzare il pericolo, ma alla fine devono ancora una volta inchinarsi. La partita è equilibrata, entrambe le squadre potrebbero segnare, ma nessuna delle due ci riesce. Si va ai supplementari e anche lì il punteggio sembra non volersi schiodare dallo 0-0. Ma quando manca poco ai rigori ecco l'uno-due degli azzurri, firmato Grosso e Del Piero.
Per la Germania è la fine di un sogno e l'inizio di un incubo. La corsa al Mondiale finisce lì. C'è la finale di consolazione, che i tedeschi vincono agevolmente con il Portogallo (3-1), ma quel terzo posto finale suona come una beffa per chi, giocando in casa, pensava giustamente di poter mettere le mani sul titolo.
È deluso, profondamente deluso, pure Klose. Nonostante sia uno dei pochi tedeschi con un bilancio personale più che positivo. Con 5 reti ha vinto la classifica cannonieri del Mondiale, risultato che gli regalerà l'immortalità tra i grandi attaccanti della storia del calcio. E, dopo quello del 2002, ha vissuto un altro Mondiale da grande protagonista, impresa che è riuscita a pochi giocatori. La sua fama, a livello planetario, è cresciuta ancor di più, fino ad arrivare alla stessa stregua dei grandissimi. Un altro, al posto suo, sarebbe comunque soddisfatto. Non Miro. A lui interessava solo vincerlo, quel Mondiale.

La maledizione

Che botta, quel Mondiale del 2006. La Germania era convinta di vincerlo, come tutti i grandi Paesi quando organizzano la fase finale di una Coppa del Mondo. Noi italiani ne sappiamo qualcosa. La mancata vittoria a Italia '90 ancora ci pesa dopo più di vent'anni, con quella semifinale con l'Argentina persa ai rigori, a Napoli, che grida ancora vendetta. La parabola tedesca del 2006, in effetti, è molto simile a quella vissuta dalla nostra Nazionale nel 1990.

Anche per loro, come fu per noi, è dura riprendersi da una delusione così grande. Il primo a farne le spese è il ct Jürgen Klinsmann che decide di mollare. Il suo contratto scadeva al termine del Mondiale, l'ex attaccante di Inter e Stoccarda fa sapere che non intende rinnovarlo, nonostante l'opinione pubblica tedesca sia in larga parte schierata dalla sua parte. Era stato spesso e volentieri criticato, Jürgen, prima del Mondiale. Le sue scelte erano state vivisezionate e spesso osteggiate. Ma durante il Mondiale aveva raccolto solo consensi. Per il bel gioco messo in mostra dai suoi e per lo stile personale mostrato sia in occasione delle vittorie sia dell'unica ma decisiva sconfitta con l'Italia. Quasi tutti, insomma, in Germania avrebbero gradito una sua conferma. Ma lui, il ct, ritiene invece chiuso il suo ciclo. Aveva deciso così nel momento in cui, due anni prima, accettò la sfida. Anche se avesse vinto, avrebbe molto probabilmente lasciato. A maggior ragione intende farlo adesso, dopo che il Mondiale si è chiuso con un risultato diverso da quello sperato.

La Ferdercalcio tedesca se ne fa una ragione, ma – dispiaciuta che vada perso il patrimonio tecnico portato da Klinsmann – decide di nominare ct il suo vice, Joachim Löw. È una decisione che inizialmente lascia un po' perplessi, ma che in breve tempo convince tutti. Durante Germania 2006, Löw è stato molto più di un vice-allenatore, è stato una specie di alter ego di Klinsmann, a volte si è anche sostituito a lui in certe scelte delicate. Rispetto a Klinsmann, ha una carriera da calciatore molto meno altisonante, compensata però da un'esperienza da tecnico più robusta. Da giocatore (anche lui attaccante), dopo un promettente inizio (faceva parte dell'under 21 tedesca) ha vissuto una carriera dignitosa ma senza troppi acuti in varie squadre della Bundesliga. Poi, da allenatore, ha fatto molto bene allo Stoccarda (con cui ha vinto una Coppa di Germania), quindi ha maturato esperienze significative all'estero: prima in Turchia con il Fenerbahçe, quindi in Austria con il Tirol Innsbruck (con cui ha vinto il campionato) e successivamente con l'Austria Vienna.

Quando viene nominato ct, ha il grande vantaggio di conoscere a fondo tutti i nazionali tedeschi, con ciascuno dei quali ha un ottimo rapporto, grazie alla sua spiccata capacità di dialogo. I calciatori sono dunque felicissimi di questa scelta, Klose lo è più di tutti. Con Löw ha instaurato da subito un legame forte e sincero. Ne ha una grandissima stima, come uomo prima ancora che come tecnico, e sa che quella stima è ricambiata. Sa soprattutto che con lui in panchina, la sua storia con la Nazionale tedesca potrà continuare ancora a lungo. E così sarà.

Le prime scelte di Löw sono nel segno della continuità. Non può essere altrimenti, visto che il Mondiale – pur chiusosi con un risultato negativo – ha fatto vedere una Germania fresca e vincente. In attacco si riparte così dal tandem «polacco» Klose-Podolski. Scelta fin troppo scontata dopo quanto di buono i due hanno fatto durante Germania 2006. Così, nelle successive partite, la coppia d'attacco è sempre composta da Miro e Podolski. Sin dall'amichevole con la Svezia del 16 agosto, che segna l'esordio da ct di Löw. Finisce 3-0 per i tedeschi con doppietta di Klose. Podolski firma invece il successivo 1-0 sull'Irlanda, prima gara del girone di qualificazione all'Europeo del 2008. I due attaccanti segnano invece in tandem nella scorpacciata che la Germania si concede contro San Marino (13-0): doppietta per Klose, addirittura poker per Podolski.

Nuovi attaccanti, però, incombono. La Bundesliga, sotto questo punta di vista, è una fucina inesauribile. L'anno successivo, siamo nel 2007, ce ne sono un paio che nel campionato tedesco si stanno comportando molto bene e non possono essere ignorati da Löw. Sono Kevin Kurányi, che già aveva fatto capolino in Nazionale un paio d'anni prima (ma era poi rimasto fuori dalla lista per il Mondiale) e il giovane Mario Gomez, un ariete di origini spagnole e passaporto tedesco che si è messo in luce con lo Stoccarda.

Löw li chiama entrambi a partire dai primi impegni dell'anno nuovo e li alterna con i «vecchi» Klose e Podolski. In realtà, quando le partite contano, va sul sicuro e punta sempre sui due eroi di Germania 2006. Sono loro a togliergli le castagne dal fuoco nel momento del bisogno. Succede per esempio nella fondamentale (ai fini della qualificazione a Euro 2008) partita che la Germania gioca a Cardiff con il Galles. I tedeschi vincono 2-0 grazie alla doppietta di Klose. Miro segna poi anche uno dei quattro gol con cui la Germania supera Cipro nell'ultimo match di qualificazione all'Europeo.

Le amichevoli che precedono la rassegna continentale, che si disputa in estate in Austria e Svizzera, sono utilizzate da Löw per fare esperimenti. In attacco c'è però un punto fermo: Miro Klose. Il ct alterna invece i suoi partner: una volta c'è Podolski, un'altra Kurányi, un'altra ancora Gomez. Klose c'è sempre. E segna sempre: un gol a Vienna contro l'Austria (3-0 per la Germania), un altro gol a Basilea contro la Svizzera (4-0 per i tedeschi), un altro ancora a Kaiserslautern contro la Bielorussia (2-2).

Löw arriva all'Europeo del 2008 in Austria e Svizzera senza aver ancora fatto una scelta precisa per il reparto avanzato. Non è facile, perché il ct ha quattro ottimi giocatori ed è dura escludere qualcuno. Così opta per un modulo a trazione anteriore che prevede la contemporanea presenza in campo di Klose, Gomez e Podolski. Sarà quest'ultimo a sacrificarsi anche in fase di copertura. È una formula accattivante, ma che sbilancia un po' troppo la squadra. Löw comunque la propone in ciascuna delle tre partite del girone eliminatorio. Per la Germania arrivano due vittorie e una sconfitta. Si parte col successo per 2-0 sulla Polonia, un altro derby per Klose e Podolski dopo quello

del Mondiale 2006. A risolverlo ci pensa proprio Podolski con una doppietta. Podolski segna anche l'inutile gol della bandiera nel ko che i tedeschi rimediano dalla Croazia (2-1), mentre è Ballack a risolvere il match con l'Austria (1-0).
Pur soffrendo, la Germania si qualifica ai quarti. Comincia la fase decisiva, quella delle partite senza appello: dentro o fuori. E Löw non se la sente di confermare la formula a tre punte. Esce così Gomez e per i match che contano si torna alla coppia-gol di Germania 2006: Klose-Podolski. Il ritorno all'antico fa sbloccare Klose che segna uno dei tre gol con cui i tedeschi superano a fatica (3-2 il punteggio finale) il Portogallo. Per Miro è il primo gol nella fase finale di un campionato europeo, visto che quattro anni prima aveva giocato pochissimo ed era rimasto a secco. Klose segna poi un altro gol in semifinale, dove la Germania, con lo stesso punteggio (3-2), supera la Turchia e conquista la finale.
Appena due anni dopo la grande delusione del Mondiale, la Germania ha dunque la possibilità di tornare a conquistare un trofeo prestigioso. Alla vigilia dell'Europeo non c'erano grandi attese per la rappresentativa guidata da Löw, che, invece, grazie ad un gioco sbarazzino (lo stesso messo in mostra due anni prima) e ad alcune scelte indovinate del ct, è riuscita ad arrivare fino in fondo.
Per Miro, ma anche per Ballack e per tanti altri ancora, è la seconda finale in carriera, dopo quella mondiale del 2002 a Yokohama. C'è grande fiducia che stavolta possa andare diversamente, anche se l'avversario è quella Spagna di Xavi e Iniesta che ha suscitato una grandissima impressione nel corso della rassegna austro-svizzera. Non è un gran partita, quella che si disputa il 29 giugno al Pra-

ter di Vienna. Come quasi sempre accade nelle finali, chi segna per primo vince. E a passare in vantaggio è la Spagna, grazie a una zampata di Torres. La Germania prova a raddrizzare la partita in tutti i modi, ma non ci riesce. E così, ancora una volta, addio sogni di gloria. Sembra la fine di un ciclo, soprattutto per gente come Klose, che è arrivato alla soglia dei 30 anni e in Nazionale c'è ormai già da parecchio tempo. Non sarà così.
No, perché negli anni a venire Klose continuerà a essere un punto fermo per il ct Löw. Anzi, il suo prestigio e la sua fama cresceranno ancora, perché oltre alle doti tecniche metterà a disposizione del gruppo pure il suo carisma e la sua enorme esperienza. Diventerà insomma uno di quei leader la cui presenza è preziosa e indispensabile anche quando non gioca.
Löw, peraltro, lo mette in campo quasi sempre. Accade già nelle primissime partite che la Germania gioca dopo l'Europeo. Sono quelle di qualificazione al successivo Mondiale del 2010 in Sudafrica. Miro c'è sempre e si concede anche una tripletta nel match che la Germania pareggia per 3-3 in Finlandia. Löw gli dà solo un piccolo *break* nella prima parte del 2009, un po' perché Klose è alle prese con qualche acciacco e un po' perché il ct preferisce testare qualche altro attaccante più giovane. Miro e il suo «gemello» Podolski restano sempre i punti fermi del reparto avanzato, ma in prospettiva futura vanno tenuti in considerazione anche altri elementi. Gomez, innanzitutto, che peraltro di lì a pochi mesi sarà acquistato dal Bayern. E poi la rivelazione Cacau, non più giovanissimo, ma che da qualche anno si sta ottimamente comportando in Bundesliga. Cacau è un brasiliano naturalizzato tedesco, che gioca nello stesso Stoccarda in cui milita pure Gomez:

un paio d'anni prima, nel 2007, i due hanno regalato con i loro gol la vittoria in Bundesliga al club della capitale del Baden-Württemberg.
La concorrenza non spaventa Miro. Anche perché l'attaccante del Bayern sa di godere della stima incondizionata di Löw e sa che, fino a quando starà bene, sarà lui il titolare. E così succede. Perché dopo l'estate, una volta risolti i problemi fisici, Klose torna subito protagonista. La partita è Azerbaigian-Germania, valida per le qualificazioni ai Mondiali. I tedeschi vincono per 2-0 e Miro mette a segno uno dei due gol, tanto per ricominciare a fare ciò che, soprattutto in Nazionale, gli riesce con inesorabile puntualità: segnare. Esercizio che porta a termine anche nel match di ritorno con gli azeri: finisce 4-0 per la squadra e Miro fa una doppietta. Ma il gol più importante di quel periodo lo mette a segno il 10 ottobre a Mosca: è la rete che consente alla Germania di superare per 1-0 la Russia e staccare il biglietto per Sudafrica 2010.
La Germania è qualificata, Miro disputerà il terzo Mondiale della sua carriera. Chi l'avrebbe mai detto quando, a 20 anni, era ancora un semplice calciatore dilettante? Ma chi avrebbe detto (anche) che dopo la grande delusione di Germania 2006 ci sarebbe stata per lui un'altra chance? Invece è tutto vero. Klose farà il suo terzo Mondiale e lo giocherà da titolare. Löw glielo dice (glielo lascia capire) già qualche mese prima, spiegandogli che utilizzerà le amichevoli premondiali per mettere alla prova gli attaccanti più giovani, ma che poi – quando si farà sul serio – toccherà di nuovo a lui. Low testa così i vari Gomez e Cacau, cui si aggiunge pure Kiessling, attaccante del Bayer Leverkusen. Saranno loro tre, insieme con Klose e Podolski a comporre il reparto avanzato della Germania

a Sudafrica 2010. Ma quelle amichevoli premondiali confermano a Löw che il meglio è ancora rappresentato dai due «polacchi», Klose e Podolski. Miro, peraltro, gioca pure un paio di quelle amichevoli. Molto importante la seconda, che la Germania disputa (vincendo per 3-0) a Budapest con l'Ungheria, il 29 maggio. Klose non segna, ma per la prima volta entra in campo con al braccio la fascia di capitano della Nazionale tedesca. Il «proprietario» di quella fascia, Lahm, è assente, così tocca a lui. Inutile sottolineare quale soddisfazione sia per Miro. L'emozione quasi lo sovrasta, tanto che a segnare ci penseranno poi gli altri attaccanti, Podolski, Cacau e Gomez (giocheranno tutti nel corso della partita).
Klose arriva così all'appuntamento mondiale in Sudafrica col morale alle stelle. Anche perché gli acciacchi che lo hanno spesso tormentato nelle ultime stagioni sono finalmente spariti. Löw, a differenza di quanto fece due anni prima all'Europeo, stavolta opera scelte nette sin dall'inizio. In attacco presenta una formula con un terminale offensivo unico, che è appunto Klose, e tre trequartisti alle sue spalle, che in realtà sono quasi tre attaccanti aggiunti: Podolski sulla sinistra, Müller sulla destra e Özil al centro. La scelta è felice e vincente. Perché dà alla squadra equilibrio, ma anche fantasia e potenza offensiva. Tanto che consentirà ai tedeschi di andare lontano nella manifestazione e di vincere ben tre partite di goleada. Il primo successo largo arriva già alla partita d'esordio contro l'Australia: finisce 4-0 per i tedeschi e Miro fa subito un gol. Dopo Giappone-Corea 2002 e Germania 2006 continua così la tradizione: cominciare il Mondiale col piede giusto, cioè segnando (lo aveva fatto nel 2002

con la tripletta all'Arabia Saudita e poi di nuovo nel 2006 con la doppietta alla Costa Rica).
La formula fantasia dei tedeschi piace, ma la sua piena realizzazione, che sarà poi manifesta negli ottavi e nei quarti di finale, passa attraverso qualche scossone. Accade al secondo match del Mondiale, che la Germania perde per 1-0 con la Serbia. I protagonisti sono ancora Klose e Podoslki, ma stavolta in negativo. Miro si fa cacciare (per doppia ammonizione) al 37' del primo tempo. I serbi, in superiorità numerica, passano in vantaggio, ma la Germania potrebbe lo stesso pareggiare. Solo che Podolski si fa parare un rigore dal portiere avversario Stojkovic.
La marcia tedesca riprende dalla successiva partita con il Ghana: finisce 1-0, il gol-partita è di Cacau che sostituisce Klose, squalificato. Miro torna per gli ottavi di finale, giusto in tempo per prendere parte (con un gol e una prestazione straordinaria) al memorabile 4-1 con cui i tedeschi strapazzano l'Inghilterra. E non è finita, perché ai quarti arriva un'altra vittoria larga e prestigiosa: 4-0 sull'Argentina allenata da Maradona. Contro la formazione guidata in panchina dal numero uno di tutti i tempi, Klose non può esimersi dal fare almeno una doppietta (di Müller e Friedrich gli altri gol tedeschi).
La Germania è di nuovo, come (quasi) sempre, tra le prime quattro di un Mondiale. Ma ovviamente non le basta. Punta in alto la squadra tedesca, punta a quel titolo sfuggitole quattro anni prima in casa e che ora è a portata di mano, grazie ai vari Müller e Özil, che hanno conferito valore aggiunto a una squadra già sufficientemente competitiva. In semifinale c'è però da affrontare quella Spagna che, già due anni prima all'Europeo, aveva fermato (in finale) la corsa dei tedeschi. Una Spagna che,

dopo l'eliminazione del Brasile (uscito ai quarti con l'Olanda), è diventata la grande favorita per la vittoria finale. La partita è equilibrata, come equilibrata era stata anche la finale di Vienna di due anni prima. E come nel 2008, a rompere l'equilibrio è ancora la Spagna, stavolta grazie ad un gol del difensore Puyol. E così, come quattro anni prima, la corsa al titolo mondiale si ferma in semifinale. La Germania sarà ancora terza grazie alla vittoria per 3-2 nella finale di consolazione con l'Uruguay. Miro non la gioca. Come Podolski e altri titolari. È una scelta di Löw, che vuole concedere la passerella anche ai giocatori meno utilizzati. Klose si adegua, ma un po' ci resta male. Giocando, avrebbe avuto la possibilità di eguagliare il bottino di gol (5) realizzato in ciascuno dei due precedenti Mondiali. Stavolta si ferma invece a 4, per un totale di 14 reti nella fasi finali dei Mondiali, secondo miglior punteggio di sempre dopo i 15 gol del brasiliano Ronaldo.
Altro Mondiale, altra delusione. Ma, a differenza di quanto accadde quattro anni prima, stavolta la botta è meno dura. Perché non c'era l'obbligo di vincere come in occasione del Mondiale giocato in casa, e soprattutto perché la Germania è stata una delle grandi rivelazioni di Sudafrica 2010, ha scoperto nuovi giovani talenti (come Özil e Müller) grazie ai quali potrà essere protagonista sulla scena internazionale negli anni a seguire.
Klose, che ormai non è più giovanissimo, di questa Nazionale fresca e pimpante sarà uno dei pochi senatori. Ma continuerà pure a essere uno dei titolari inamovibili. Lo è, titolare, in ciascuna delle partite ufficiali che la rappresentativa guidata da Löw disputa dopo Sudafrica 2010. Sono i primi match di qualificazione all'Europeo che si disputerà in Polonia e Ucraina due anni dopo. Klose gioca

sempre e segna sempre. Firma il gol-vittoria nell'1-0 che la Germania coglie a Bruxells sul Belgio; poi mette a segno una doppietta in Germania-Azerbaigian 6-1 a Colonia; quindi un'altra doppietta a Berlino in Germania-Turchia 3-0; un altro gol ad Astana in Kazakistan-Germania 0-3. Nella seconda parte della stagione (siamo all'inizio del 2011), segna un'altra doppietta nel match di ritorno col Kazakistan. Löw gli risparmia le amichevoli, che il ct utilizza per fare esperimenti. Una però gliela fa giocare perché è qualcosa di più di un'amichevole. È il match che il 9 febbraio del 2011 oppone la Germania all'Italia. Si gioca a Dortmund, nello stesso stadio in cui gli azzurri superarono i tedeschi per 2-0 nella semifinale di Germania 2006. È la rivincita di quella sfida (anche perché le due Nazionali non si sono più affrontate). I tedeschi ci tengono da matti a vincere. E sembrano riuscirci grazie al gol del solito Klose. Ma a dieci minuti dalla fine ci pensa Giuseppe Rossi a fissare il punteggio sull'1-1.
La Germania si consola con la marcia di avvicinamento a Euro 2012 che prosegue spedita e senza intoppi. Löw, di tanto in tanto, fa rifiatare Klose, anche perché Gomez continua a crescere ed è ormai più di un'alternativa (come peraltro accade pure nel Bayern, in cui entrambi militano). In estate, però, Miro passa alla Lazio e torna quindi titolare inamovibile della sua squadra di club, cosa che al Bayern non succedeva più. La novità consente a Löw di continuare a puntare su di lui nelle partite che contano. E Klose lo ripaga con i soliti gol. Ne fa uno nel 6-2 con cui i tedeschi strapazzano l'Austria e un altro nell'amichevole vinta per 3-0 sull'Olanda.
Nonostante la crescita di Gomez, quindi, Klose pare destinato a essere ancora il titolare, anche nell'Europeo ora-

mai alle porte. L'infortunio muscolare che lo costringe a saltare l'ultimo mese e mezzo di campionato con la Lazio, rimette però in discussione la scelta di Löw. Che decide di iniziare la rassegna continentale con Gomez titolare nel ruolo di punta centrale e alle sue spalle il solito trio Müller-Özil-Podolski. Klose non è ancora al meglio, mentre Gomez è in condizioni smaglianti. E, infatti, il tedesco di origini spagnole firma il gol-vittoria nella prima partita dell'Europeo (Germania-Portogallo 1-0), poi realizza la doppietta grazie alla quale i tedeschi superano l'Olanda per 2-1, mentre non segna ma gioca comunque bene nel 2-1 sulla Danimarca con il quale la Germania chiude a punteggio pieno il girone eliminatorio.

Klose gioca il quarto d'ora finale (minuto più minuto meno) di ciascuna delle tre sfide, entrando sempre al posto di Gomez. Chiaro l'intento di Löw: da un lato il ct non vuole scaricare il campione cui si è legato a filo doppio sin dall'inizio della sua avventura sulla panchina tedesca; dall'altro lo fa rodare in vista di un impiego maggiore nei match a eliminazione diretta. E infatti, ai quarti di finale, c'è il ribaltone. Il titolare è Klose, Gomez va in panchina. La Germania supera facilmente la Grecia per 4-2 e Miro segna il suo primo (e unico) gol in quell'Europeo. Klose se la cava discretamente, mostrando di essere pienamente recuperato, ma poi, nella semifinale con l'Italia, Löw torna a preferirgli Gomez. Il ct è convinto che Miro non abbia ancora i 90 minuti nelle gambe e teme che con gli azzurri la partita possa protrarsi oltre i tempi regolamentari, come al Mondiale del 2006. Così decide di sganciarlo a partita in corso. Lo fa all'inizio del secondo tempo, quando però la gara è già compromessa, quando l'Italia è già in vantaggio per 2-0 grazie alla doppietta di Balotelli. La rete

del 2-1 dei tedeschi arriva solo nei minuti di recupero, con un rigore di Özil. Ancora una volta l'incrocio con gli azzurri è fatale alla Germania di Klose. Ancora una volta un grande appuntamento internazionale si chiude con un bilancio positivo, ma con l'amaro in bocca per il cannoniere e per la sua Nazionale.
Ma non è finita. Non ancora. Il riscatto ha un nome caldo e una data che suona vicina: Brasile 2014. È il grande obiettivo di Miro, il degno coronamento di una carriera che lo ha già portato a diventare il numero uno degli attaccanti tedeschi di tutti i tempi. E che gli ha già riservato un posto importante nella ristretta cerchia dei centravanti che hanno fatto la storia del calcio. Vuole giocarlo, quel Mondiale. Vuole la gloria. Gli manca una rete, una sola rete, per raggiungere Ronaldo nella classifica dei più grandi goleador dei Mondiali. Manca un anno, un solo anno, all'appuntamento con la storia.
Per una capriola in più, l'ultima.

Ultra Sport

Elisabetta Russo, *È Lavezzi!*

Adriano Stabile, *Grazie lo stesso*

Paolo Madeddu, Andrea Saronni, *100 volte Italia*

Alexandre Juillard, *Maradona*

Gabriella Greison, *Essere Bruno Conti*

Michele Monina, *Un fenomeno di nome Ibra*

Nicola Calzaretta, *Tutti gli uomini che hanno fatto grande la Juventus F.C.*

Giuliano Pavone, *Tutti gli uomini che hanno fatto grande la S.S.C. Napoli*

Stefano Greco *Tutti gli uomini (e una donna) che hanno fatto grande la S.S. Lazio*

Adriano Stabile, *Tutti gli uomini che hanno fatto grande la A.S. Roma*

Augusto De Bartolo, *Tutti gli uomini che hanno fatto grande l'A.C. Milan*

Furio Zara, *Tutti gli uomini che hanno fatto grande l'Inter*

Lorenzo Longhi, T*utti gli uomini che hanno fatto grande il Torino F.C.*

Roberto Savino, *Alex Del Piero minuto per minuto*

Gianluca Iovine, *Cercando Scirea*

Marina Viola, *Pescara Calcio ritorno al futuro*

Roberto Savino, *Imbattibili*

Stefano Greco, *La banda del meno nove*

Furio Zara, *1982*

Francesca Spaziani Testa,
Massimiliano Palombella, *Zemanologia*

Larry Shapiro, *Lo Zen e l'arte della corsa*

Angelo Croce, Christian Marchetti, *La grande meta*

Francesca Spaziani Testa, *Francesco Totti minuto per minuto*

Arcadio Spinozzi, Stefano Greco, *Una vita da Lazio*

Roberto Parretta, *Ma perché vanno all'indietro?*

Dario Torromeo, *Joe Frazier*

Giuliano Musi, *Il Corsaro*

Alessandro Mastroluca, *Il successo è un viaggio*

Stampa
Puntoweb Srl
Via Variante di Cancelliera Snc – Ariccia (RM)
per conto di Lit Edizioni Srl
Largo Giacomo Matteotti 1
Castel Gandolfo (RM)